AF455370

ESSAI

SUR

LA CONTRAINTE PAR CORPS,

A L'OCCASION

DU PROJET DE LOI SOUMIS EN CE MOMENT
A LA CHAMBRE DES PAIRS.

Contradiction qui existe à cet égard en France, entre la théorie et la pratique.

D'après le texte de nos lois, et d'après l'intention bien prononcée de leurs divers rédacteurs, ainsi que de tous les magistrats dans l'ordre judiciaire, la contraite par corps ne devrait atteindre que les commerçans, et ne jamais être prononcée que pour des dettes de commerce. En réalité cependant, elle n'atteint et ne peut atteindre que les non commerçans, et elle n'est généralement prononcée que pour des dettes civiles, quoiqu'elles se présentent sous la forme de dettes commerciales.

Comparaison des Législations anglaise et française sur cette matière,

PAR SAINT-AUBIN, ex-Tribun, ancien Professeur de Législation aux Écoles centrales du département de la Seine.

Une loi qui prononce l'emprisonnement à vie pour une dette commerciale de cent un francs, ne fait pas partie du Budjet, regardé comme étant en quelque sorte exclusivement dans les attributions de la Chambre des Députés.

PARIS,
CEHZ A. BAILLEUL, LIBRAIRE, RUE SAINT-ANNE.
1818.

AVERTISSEMENT.

Cet Écrit, qui traite cette question importante dans toute la généralité dont elle est susceptible, devait être adressé à la Chambre des Députés ; mais l'urgence (1) avec laquelle le projet de loi présenté a été adopté, ne m'en a pas laissé le temps. Je crois la question de

(1) Cette urgence a été présentée comme demandée par les détenus eux-mêmes. Si cela est, il faut que ces derniers n'aient pas lu le projet de loi ; car aux 30 centimes près dont il augmente leur pension alimentaire, les autres dispositions les plus essentielles du projet aggravent considérablement les lois anciennes qui étaient en vigueur jusqu'ici. Celles-ci limitaient à cinq ans la durée de la détention, et le projet l'étend à toute la durée de la vie du débiteur, sans excepter même les septuagénaires. Auprès de ce changement en pis, le changement en mieux de 30 centimes sur les alimens devient vraiment zéro.

l'emprisonnement à vie pour une dette de cent un francs, et cela avec un effet rétroactif prononcé contre les détenus, et même les obligés en vertu d'une ancienne loi, assez grave pour qu'elle mérite une discussion approfondie de la part de la Chambre des Pairs.

SAINT-AUBIN.

OBSERVATIONS GÉNÉRALES

SUR

L'ÉTAT DE LA LÉGISLATION ACTUELLE,

En matière de contrainte par corps pour dettes, et particulièrement pour dettes de commerce, avec quelques réflexions sur le projet de loi soumis en ce moment à la chambre des pairs.

Il existe sur cette matière (en théorie et sur le papier) deux principes fondamentaux généralement reconnus en France.

Le premier est que les dettes civiles contractées par des non commerçans, n'entraînent point de contrainte par corps, à moins qu'elles ne soient accompagnées de quelque circonstance aggravante qui les rapprochent d'un délit, tel que le stellionat, le reliquat de tutelle, etc. Par suite du même pricipe, les non commerçans en général ne sont point sujets à la contrainte par corps, à moins qu'ils n'aient signé une lettre de change *réelle et non simulée*, ou qu'ils n'aient contracté un engagement à raison d'une opération de commerce, ce qui assimile leur dette à une dette commerciale.

Le second principe est qu'au contraire les dettes commerciales entraînent indistinctement la contrainte par corps, et que les commerçans y sont sujets à raison de tous leurs engagemens, quand même ils n'auraient pas la forme d'une lettre de change.

Non seulement ces deux principes sont textuellement consacrés dans la loi du 4 avril 1798 (15 germinal an 6), regardée jusqu'ici comme fondamentale sur cette matière, dans le Code civil et dans celui de procédure civile (1); mais on les entend professer tous les jours dans les tribunaux civils et de commerce, dans les cours royales et à la cour suprême : les commentateurs de nos codes et les professeurs en droit, les avocats plaidans et consultans sont unanimes là-dessus. Toutes les fois que cette matière a été discutée au conseil d'état, ou dans une de nos assemblées législatives postérieures à celle de 1798 qui a rétabli la contrainte par corps, jusques et y compris la chambre actuelle des députés, tout le monde est tombé d'accord sur ces deux principes, savoir, qu'aux exceptions près que nous avons vues plus haut, les non commerçans ne sont point sujets à la contrainte par corps, qui est exclusivement attachée aux dettes commerciales et aux commerçans. Cette doctrine est même tellement notoire et constante, que le moindre clerc d'avoué que l'on consulterait là-dessus, serait surpris de l'ignorance du consultant.

Si tout le monde est d'accord sur cette double théorie, on l'est également sur les motifs qui l'ont établie, et qui sont, d'une part, le crédit que ce moyen coercitif donne, dit-on, aux effets de com-

(1) Le Code de commerce n'en parle pas même, parce que ses rédacteurs ont regardé la contrainte par corps comme étant de droit attachée à toutes les dettes commerciales.

merce, et particulièrement aux lettres de change qu'on regarde *comme remplaçant le numéraire et remédiant à sa rareté* (1); et, d'un autre côté, la prétendue facilité que ce même moyen procure aux commerçans et aux fabricans, qui n'ont pas de capitaux suffisans, d'en trouver d'emprunt ou à crédit qui puissent les mettre en état de faire valoir leur industrie. Nous examinerons bientôt le mérite de ces motifs ; il suffit ici d'avoir posé avec précision et clarté les bases de notre législation, telles qu'elles sont généralement professées et reconnues, et telles que les suppose même le projet de loi sur la contrainte par corps, soumis en ce moment à la chambre des députés.

Eh bien ! que diront les défenseurs de cette doctrine, si je leur démontre qu'elle n'existe qu'en théorie, dans le texte de la loi et sur le papier, mais que dans la pratique et en réalité, c'est la doctrine inverse qui prévaut ; c'est-à-dire, qu'en France (*et nous verrons bientôt qu'il en est de même en Angleterre*) les non commerçans seuls, signataires de lettres de change que les prêteurs ou créanciers les forcent de souscrire, sont sujets à la contrainte par corps, qui n'atteint ni ne peut jamais atteindre les négocians ou commerçans, quoiqu'elle soit textuellement prononcée contre eux. Or, rien n'est plus aisé à démontrer.

A . . . . , marchand de vin en gros, vend à B. . . . , marchand épicier, quatre barriques de vin pour 800 francs ; il en vend quatre autres, et au même prix, à C. . . . , avocat : l'un et l'autre les achètent pour leur consommation, en sorte qu'au fond, ce n'est nullement une transaction commerciale. Néanmoins A. . . . , après avoir

---

(1) Voilà pourquoi on a assujéti à la contrainte par corps les non commerçans qui auraient signé une lettre de change réelle, tirée d'une place à l'autre, et indiquant par conséquent un transport d'argent de place en place. Malheureusement il est à-peu-près impossible de distinguer, dans la circulation surtout, les lettres de change réelles de celles qui ne sont que simulées.

reçu de B...., marchand épicier, un billet à ordre, et voulant mieux assurer son paiement de la part de C..., l'avocat, lui fait souscrire une lettre de change qui, sous le rapport de la forme, est parfaitement régulière, et paraît être tirée de place en place, quoiqu'en réalité elle ait été tirée, acceptée et endossée dans le cabinet du vendeur ou de l'acheteur.

Arrive le jour de l'échéance. L'avocat, ne payant pas sa lettre de change, est traduit au tribunal de commerce, où le porteur de la traite obtient un jugement de condamnation par corps, en vertu duquel l'avocat non commerçant est envoyé à Sainte-Pélagie et détenu, jusqu'à ce qu'il ait payé le capital avec frais et intérêts. Le même jugement autorise le porteur ou créancier à faire saisir et vendre ses meubles et effets, y compris les vêtemens dont il n'est pas couvert : voilà pour le débiteur *non commerçant*.

Vient maintenant le tour du débiteur commerçant ou du marchand épicier qui ne paie pas non plus : ici c'est toute autre chose. Par le fait seul du protêt de son billet à ordre, et surtout du jugement de condamnation prononcé contre lui, il est déclaré en faillite, et dès ce moment, d'après les dispositions textuelles du Code de commerce, au titre des Faillites, toute poursuite dirigée contre sa personne ou contre ses marchandises et effets mobiliers, de la part d'un créancier quelconque, porteur d'une traite ou d'un jugement, devient nulle et sans objet, parce que sa personne est mise *en dépôt* à Sainte-Pélagie, et sous la sauve-garde de la loi, et que tout son actif tombe de droit dans la masse de la faillite, représentée par les syndics d'icelle, contre lesquels toute action des créanciers doit être intentée.

Ainsi tandisque A... fait saisir et vendre à son profit le mobilier, les chemises mêmes de l'avocat C..., son débiteur *non commerçant*, et qu'il tient son corps en prison jusqu'à ce que ce dernier ait payé sa lettre de change, il ne peut pas saisir un cabat de figues ou de raisins dans la boutique de son débiteur le marchand épicier, et cela précisément parce qu'il est commerçant. Quant à sa personne, elle est mise, non pas en état d'arrestation, mais *en dépôt* à Ste.-Pélagie, jusqu'à ce que l'examen provisoire de ses affaires, et le rapport du commissaire de la faillite aient fait présumer qu'il n'y a ni dol, ni fraude, et que le détenu est en état de simple faillite, dans lequel cas il obtient de suite sa liberté provisoire avec un sauf conduit. La plupart du temps même, cette mise en dépôt est une pure affaire de forme qui n'est pas exécutée, et l'article 455 du Code de commerce dit expressément : *Il ne pourra, en cet état, être reçu contre le failli, d'écrou ou de recommandation, en vertu d'aucun jugement du tribunal de commerce.*

Ensuite, le failli fait avec ses créanciers un concordat ou un traité volontaire d'après lequel la majorité de ceux-ci consentent à recevoir tant pour cent de leurs créances; ou si ce traité volontaire n'a pas lieu, ce qui n'arrive pas une fois sur dix, il se forme un contrat d'union entre les créanciers qui nomment des syndics définitifs, lesquels recouvrent toutes les créances actives, réalisent les marchandises et tout l'actif du failli, et le répartissent au marc la livre entre les créanciers, sans distinction ou préférence pour les porteurs de lettres de change. Dans aucun cas, au reste, le débiteur failli, à qui il reste d'ailleurs ouvert le bénéfice de cession (1), n'est sujet à la contrainte par corps, à moins que sa faillite ne soit accompagnée de dol et de fraude qui la changent

(1) Toute faillite qui n'est point suivie d'un traité volontaire ou d'un concordat entre le failli et ses créanciers, renferme une cession de fait, puisque les syndics s'emparent de droit de tout l'actif du failli, pour le distribuer parmi ses créanciers. La contrainte par corps, prononcée contre un débiteur failli, pour assurer le paiement d'un créancier quelconque, est donc en contradiction évidente avec la loi, qui déclare que tout l'actif du failli appartient au passif.

en banqueroute simple ou frauduleuse, ce qui n'a pas lieu pour une faillite sur cinq cents.

Voir surtout ce qu'on vient de dire relativement à la procédure, en cas de faillite, tout le titre des faillites dans le Code de commerce, et particulièrement les articles 449, 451, 455, 464 à 468 inclusivement, 491 jusques et inclusivement 494, les articles 499 et 500, 519, 522 jusques et inclusivement 530, l'article 558, 564, 566 jusques et inclusivement 575.

Pour la commodité du lecteur, je les ai littéralement transcrits et joints à la fin de cet écrit. Ceux qui veulent acquérir une idée bien nette de l'esprit de notre législation en matière de faillite, feront bien de les consulter, et de les comparer avec la loi sur la contrainte par corps.

En lisant ces articles avec un peu d'attention, il est facile de se convaincre que, même en théorie, ou d'après les dispositions textuelles de la loi sur les faillites, il est moralement impossible d'exercer la contrainte par corps contre un débiteur commerçant, à moins qu'il ne soit prévenu, ou pour mieux dire, convaincu d'inconduite grave, ou de fraude et de dol; ce qui ne constitue plus la contrainte par corps, proprement dite pour dettes, mais un emprisonnement pour délit, qui ne se poursuit plus à la requête du créancier, mais à celle du ministère public. Et dans ce cas même, cet emprisonnement, quelque long et rigoureux qu'il puisse être, ne sert de rien à un créancier particulier, porteur d'un engagement souscrit par le détenu, puisqu'encore une fois il ne peut prétendre qu'à sa quote part dans la masse de la faillite.

Cette théorie est corroborée par l'expérience et les faits. Depuis vingt ans que la contrainte par corps est rétablie, nous n'avons guères eu sur la place de Paris moins de faillites qu'auparavant, et peut-être même en avons-nous eu proportionnellement davantage, en considérant la cessation du papier-monnaie, et du régime révolutionnaire qui avaient précédé cette époque. Parmi ces faillites, toutes de commerçans, il y en a eu de bien étoffées et passablement scandaleuses, dont nous avons vu les chefs, non-seulement en liberté, mais tenant maison et vivant à l'aise, après avoir renvoyé leurs créanciers avec un dividende final de 20, 30 ou 40 pour cent, en vertu d'un concordat que ceux-ci se sont empressés de signer crainte de perdre tout. Toutes les semaines, le Journal de commerce annonce l'ouverture de quelques nouvelles faillites. Voit-on, ou a-t-on vu dans le nombre un seul commerçant un peu connu, je ne dis pas détenu, mais simplement envoyé à Sainte-Pélagie? Je n'en connais aucun. Pourquoi cela? Parce que, d'une part, la contrainte par corps, comme nous avons vu, ne peut être légalement exercée contre un failli commerçant, tant qu'il n'est pas prévenu de dol ou d'inconduite grave, et que, d'un autre côté, parmi ces derniers mêmes, il y en a qui échappent par suite de la répugnance bien ou mal entendue de leurs créanciers à les poursuivre, ou ce qui est plus commun, par suite de l'intérêt bien entendu de ces mêmes créanciers qui préfèrent se contenter d'un modique dividende, que s'exposer à perdre le tout, et à payer des frais par-dessus le marché. Tout ceci est dans la nature des hommes et des choses, que le temps et les mœurs peuvent amender, mais que les lois rigoureuses ne peuvent que changer de mal en pire.

Or, puisque dans la réalité et par une conséquence nécessaire de la loi sur les faillites, on ne peut exécuter la contrainte par corps contre son débiteur commerçant, je demande comment on peut même proposer cette contrainte comme un moyen de donner du crédit à des effets souscrits par des commerçans ou à des effets de commerce? A quoi peut servir un moyen que la loi ne permet pas d'employer au moment où le créancier, en faveur de qui il est censé établi, en aurait besoin? mais ce n'est pas là tout.

Si, sous ce rapport, la contrainte par corps n'offre au porteur d'un effet de commerce aucune ressource pour se faire payer par son débiteur commerçant, lorsque l'effet est échu, elle est encore moins un moyen déterminant pour faire escompter ou prendre en paiement un effet de commerce non échu. Qu'on présente à un négociant ou à un capitaliste quelconque, en paiement ou à l'escompte, une *traite* souscrite par un débiteur, très solvable même, mais connu pour un mauvais payeur, ne payant jamais que d'après les sollicitations réitérées d'un huissier, il refusera cette traite d'emblée. En vain le porteur le priera d'observer que c'est une lettre de change en règle, et qu'en cas de non paiement le débiteur sera sujet à la contrainte par corps; la seule mention de cette triste ressource augmentera la répugnance du prêteur à la prendre à l'escompte. Il n'en faudra pas même tant auprès d'un commerçant ou capitaliste honnête; la crainte seule d'être dans le cas d'employer un huissier pour faire faire le protêt à l'échéance, suffira pour discréditer à ses yeux la lettre de change la plus régulière, souscrite par le débiteur le plus solvable, qui ne jouit pas d'une bonne réputation pour l'exactitude à remplir ses engagemens. Quant à la contrainte par corps, elle ne peut être un motif déterminant qu'aux yeux des prêteurs à la petite semaine (qu'on trouve parfois aussi parmi les gros capitalistes) qui se dédommagent de ce désagrément éventuel, en joignant au capital réellement déboursé et stipulé par la lettre de change, une prime d'assurance plus que proportionnelle aux risques; encore ceux-ci ont-ils toujours intérieurement l'espoir plus ou moins fondé de n'être pas obligés d'en venir à cette extrémité à laquelle même plusieurs d'entre eux n'ont recours que quand ils ne voient que ce moyen pour se faire payer, moyen qui ne leur réussit pas une fois sur dix.

La contrainte par corps ne peut donc pas être employée par le porteur d'un effet de commerce souscrit par un commerçant, pour se faire payer par le signataire, quand l'effet est échu, et elle ne sert pas non plus d'encouragement à des tiers, pour escompter ou prendre en paiement l'effet avant qu'il soit échu. Comment peut-on donc soutenir, à la face de tout Israël, que cette contrainte est nécessaire, indispensable même pour maintenir le crédit des effets de commerce, et sur-tout des lettres de change, dans le crédit desquelles elle n'entre pas même comme le plus mince élément?

A cette objection, vraiment insoluble, j'ai entendu opposer deux raisonnemens assez plausibles au premier aspect, quoique radicalement faux au fond. Voici le premier :

Si la contrainte par corps, dit-on, ne paraissait pas un moyen de plus aux créanciers pour se faire payer par leurs débiteurs, pourquoi les prêteurs, et sur-tout ceux à la petite semaine, se font-ils assez généralement souscrire des lettres de change par leurs débiteurs ou par des emprunteurs *non commerçans*, qui s'adressent à eux?

Je réponds d'abord qu'en admettant que cette précaution soit bonne à l'égard des débiteurs non commerçans, ce qui n'est point, elle ne servirait de rien contre les débiteurs ou emprunteurs commerçans, que la loi sur les faillites met à l'abri de cette vexation; or, c'est des commerçans et des effets de commerce uniquement qu'il s'agit ici.

Mais, quand même tout créancier ou prêteur exigerait de son débiteur ou emprunteur, l'acceptation d'une lettre de change, cela ne prouverait nullement que le premier regarde sérieusement la contrainte par corps comme un motif de plus pour accueillir *l'effet*, comme un élément additionnel de crédit. Jamais le prêteur ne songe seulement qu'il sera obligé de faire happer le corps de son débiteur à l'échéance; mais comme il ne lui en coûte pas davantage de prendre une précaution, une sûreté de plus, il prend celle-ci machinalement, disant en lui-même : *quod abundat non vitiat*. Et à cette occasion, je ne puis m'empêcher de fixer l'attention du lecteur, celle sur-tout des gouvernans, des législateurs et des magistrats, sur la dépravation morale qu'entraînent les mauvaises lois basées sur l'ignorance des faits, en rendant les meilleurs hommes, des hommes éclairés d'ailleurs, inhumains et barbares sans qu'ils s'en doutent.

On a plus d'une fois proposé, et il paraît que c'est encore l'intention des rédacteurs du projet de loi présenté en ce moment à la chambre, *d'étendre à toute la vie du débiteur*, la durée de la contrainte par corps, qui jusqu'ici paraissait être bornée à cinq ans, limite qui avait même en sa faveur, plusieurs arrêts souverains formant une espèce de jurisprudence constante.

Cela suppose, 1°. qu'un homme doué de sa saine raison, puisse se soumettre à un emprisonnement perpétuel entre quatre murs, couché sur un mauvais grabat, avec la quantité précise d'alimens qu'il faut pour ne pas mourir de faim, séparé de sa famille, et privé de tout moyen de faire valoir son travail et son industrie, le tout, pour obtenir en prêt une chétive somme qui, d'après l'usage adopté à Paris, peut n'être que de 101 fr., mais qui, fût-elle de 20,000 francs, n'autoriserait pas un pareil acte de démence.

Cela suppose encore, 2°. que la société, représentée par le gouvernement et une législature quelconque, puisse sanctionner un engagement pareil, et le faire exécuter par les autorités constituées appuyées de la force publique; engagement qui répugne à la loi naturelle, qui est contraire aux mœurs et à toute idée d'équité et de proportion entre le délit et la peine. Si malheureusement cette sanction pénale était nécessaire pour donner du crédit aux effets de commerce, il vaudrait mille fois mieux renoncer à tout crédit commercial, que de recourir à cette disposition pénale. Je dis *pénale*, car il serait par trop étrange de soutenir qu'une détention à vie, ou pour cinq ans seulement, n'est qu'une mesure de crédit ou une précaution prise dans les intérêts du commerce, lorsqu'un emprisonnement, souvent moindre, remplacé, par commutation de peine, vingt ans de travaux forcés, vulgairement dits de galères.

Nous avons déjà acquis la conviction que la contrainte par corps à vie, prononcée contre les débiteurs commerçans, ne pouvait pas même atteindre le but que s'était proposé le législateur abasourdi et irrité par les nombreuses faillites qui ont eu lieu depuis vingt-cinq ans, et qu'on attribue mal à propos à l'abolition *momentanée* de cette même contrainte, *pendant quelques années* (depuis 1793 jusqu'en 1798); tandis qu'en réalité, elles étaient et sont encore dues aux diverses catastrophes de la révolution, au papier-monnaie et à ses accessoires, à la perte de nos colonies, et par-dessus tout, aux vingt-cinq banqueroutes totales ou partielles, que les gouvernemens et législatures de toutes les couleurs, *non contraignables par corps*, ont faites jusqu'en 1814, et qu'on aurait continuées ou reprises si l'on avait écouté les argumens qu'une portion assez influente de la chambre des députés n'a cessé de puiser dans ce qu'ils appelaient la religion et la morale, pour payer les créanciers de l'arriéré en rentes au pair. Après avoir donné ainsi depuis nombre d'années, *d'en haut, et avec tous les moyens de paiement imaginables*, le funeste exemple du manque aux engagemens, on espère rétablir la bonne foi dans la classe inférieure, en prenant le corps des débiteurs particuliers à partie; c'est en vérité recourir à un bien pauvre moyen pour restaurer le crédit commercial. Mais, admettons pour un moment, le système erroné des partisans de la contrainte par corps, raisonnons conséquemment à ce système, et voyons où nous en viendrons.

Qui peut plus, peut moins. Donc, puisque un commerçant dans le besoin d'une avance, peut faire le sacrifice de sa liberté individuelle, et se soumettre éventuellement à une prison perpétuelle pour 101 francs et au-dessus, il doit avoir évidemment le droit d'engager éventuellement une de ses oreilles, ce qui, certes, serait une peine bien plus légère, un sacrifice bien moindre que celui de sa liberté, puisque le débiteur en serait quitte pour porter perruque, que portent bien des gens sans avoir manqué à un engagement quelconque.

Oh quelle horreur! s'écrieront ici bien des négocians et jurisconsultes, chauds partisans de la contrainte par corps, et qui ne se feraient pas le moindre scrupule de clouer pour la vie, dans un donjon, le corps entier de leur débiteur, mais qui jettent les hauts cris quand on leur propose de laisser là le corps, et de se contenter d'une oreille. Quoi! diront-ils, permettre à un homme d'engager éventuellement une oreille, de se faire mutiler pour obtenir une avance de 101 fr.! Quel est le prêteur barbare qui voudrait prêter sur un pareil nantissement? Hé bien! malgré toutes ces exclamations arrachées à une sensibilité comparativement ridicule, je pose en fait, que si ces engagemens étaient sanctionnés par une loi, et que pour bien les distinguer des autres effets de commerce (chose assez difficile, lorsqu'il s'agit de distinguer les lettres de change simulées de celles qui sont véritables), on les timbrât d'une oreille, il n'y aurait pas une maison de banque ou de commerce à Paris ou à Londres, qui voulût recevoir en paiement ou prendre à l'escompte un effet de commerce quelconque, qui ne fût pas écrit sur du papier à oreille, de même qu'aujourd'hui, celui qui escompte une lettre de change souscrite par un non commerçant, avec intention de faire valoir son droit à la contrainte par corps en cas de non paiement à l'échéance, prête sans s'en douter, sur du papier timbré d'un côté du corps de son débiteur, et de l'autre, du donjon de Sainte-Pélagie.

Peut-être même, finirait-on par introduire, relativement à ce nantissement d'oreilles, une égalité proportionnelle dans la valeur du gage qui manque aujourd'hui à la contrainte par corps. Comme il est évidemment injuste, et par conséquent absurde, de détenir un homme en prison pour toute sa vie, s'il ne peut rendre à l'échéance 101 francs, plus les frais, aussi bien que s'il devait 100,600 francs, on pourrait graduer la punition d'amputation, de manière par exemple, que le débiteur de 101 francs et au-dessus, jusqu'à 1,000 francs, fût condamné à perdre une oreille, que celui de 10,000 francs en perdît deux, et ainsi progressivement pour les autres membres en raison du montant des sommes empruntées. Ceci nous ramènerait à l'exécution littérale de la loi des douze tables, de *debitore in partes secando*, d'après laquelle, dit-on, les créanciers, chez les Romains, *dans les beaux jours de la république*, avaient le droit de se partager entr'eux le corps entier de leur débiteur, au marc la livre (1). Le lecteur voudra bien me pardonner cette comparaison un peu burlesque, quelque juste, quelque appropriée qu'elle soit à l'erreur grossière que je combats; je ne m'en serais pas servi si je n'avais à me faire entendre que des législateurs ou des magistrats qui n'auraient qu'à suivre leur opinion individuelle, sans consulter celle du public. Mais malheureusement, l'opinion d'une grande portion de ce public, celle de presque tous les commerçans et capitalistes, celle sur-tout des petits prêteurs et possesseurs de petits capitaux mobiliers, est tellement pervertie ou faussée par la routine, par les *oui-dire* de père en fils, par l'attachement même aux us et coutumes de nos pères, qui, par parenthèse, étaient bien plus sobres dans l'application de la contrainte par corps,

(1) Le texte cité de la loi des douze tables, avait probablement un autre sens moins antropophage; mais ce qu'il y a de certain, c'est que beaucoup plus tard encore, le débiteur insolvable était livré à la merci de son créancier, qui le chargeait de chaînes et le faisait travailler à des travaux forcés, pour pouvoir se libérer par le produit de son travail. L'effet de ces sages mesures en faveur du crédit commercial, était tel, que le vertueux Brutus prêtait à 48 pour 100 par an; et cet effet salutaire aurait été plus grand encore si les fréquentes révoltes de la canaille débitrice, se retirant en masse au Mont-Aventin jusqu'à la proclamation d'une banqueroute générale, avaient permis d'employer des moyens de crédit plus énergiques.

que nous ne le sommes aujourd'hui, que beaucoup d'entr'eux ne veulent pas écouter même les argumens les plus convaincans, dès qu'ils sont sérieux, parce qu'effectivement ils sont embarrassés d'y répondre d'une manière un peu satisfaisante. Il faut donc bien saisir le côté ridicule de leur préjugé favori pour fixer leur attention.

La seconde réponse par laquelle on croit résoudre l'objection vraiment insoluble sur l'impossibilité légale d'exécuter la contrainte par corps contre un débiteur commerçant, à cause de la loi sur les faillites, consiste à proposer de changer cette dernière loi, et d'assujétir tout commerçant failli, à la contrainte par corps à vie, sur la demande de tout porteur d'un de ses engagemens auquel il ne pourrait satisfaire intégralement, sans l'admettre au bénéfice de cession, et sans que son créancier fût obligé de suivre la loi commune du concordat.

Je réponds que cette nouvelle disposition pénale ne donnerait pas pour une obole de crédit de plus aux effets de commerce; qu'encore une fois, personne n'escompte qui croit avoir besoin de recourir à ce triste expédient. Mais, quand il en serait autrement, quel est l'homme sain de corps et d'esprit, qui voudrait embrasser une profession accompagnée de chances, souvent inévitables, qui l'exposerait à un emprisonnement perpétuel, sans que sa conduite irréprochable, et les malheurs qu'il aurait pu prévoir, pussent le rendre à la liberté? L'homme assez vil pour se livrer à un métier aussi périlleux et déshonorant à la fois, mériterait d'être exposé au mépris public, comme l'étaient anciennement, en quelques-unes de nos provinces, les couvreurs en ardoises, dont le témoignage n'était pas admis en justice, parce que pour un vil lucre, ils risquaient leur vie en montant sur le toit des châteaux des seigneurs, ce que ne faisaient point les couvreurs en chaume. L'homme qui, pour de l'argent, sacrifierait ainsi sa vie, ou ce qui doit être plus cher que la vie, sa liberté individuelle pour toute sa vie, mériterait d'être couvert de honte et d'opprobre.

Tous ces faits et raisonnemens nous ramènent à la conclusion générale que la pratique qui, en France, exempte les commerçans de la contrainte par corps, contre le texte de la loi, est parfaitement conforme à l'équité et à l'intérêt du commerce à la fois. Elle est conforme à l'équité, parce que le négociant est par état même, marchand de crédit; il achète du crédit et il en vend, il en donne et en reçoit. Avec la meilleure conduite, avec beaucoup d'intelligence et de prudence, il peut donc se tromper en accordant mal à propos du crédit à plusieurs de ses confrères qui font faillite à la fois, et l'entraînent avec eux. Un commerce quelconque un peu étendu en marchandises, est sujet à des chances malheureuses qu'on ne peut souvent éviter, même en les répartissant avec toute la précaution possible. Un négociant peut rarement faire valoir toute son industrie, ou entreprendre des spéculations un peu étendues, avec ses capitaux seuls; il faut nécessairement qu'il emprunte de temps en temps ceux des autres, qu'il ait recours au crédit, et qu'en revanche il en accorde. Il est donc de toute équité et justice, que la loi et l'opinion publique lui tiennent compte de cette position particulière, en l'exemptant de toute peine, de tout reproche même, que peut encourir un particulier non commerçant, pour avoir manqué à ses engagemens. Ce dernier ne fait point commerce de crédit; il ne vend ni n'achète des marchandises par état; il ne prête ni n'emprunte par état; ce qu'il emprunte ou achète à crédit, c'est pour sa consommation, pour ses besoins ou pour satisfaire quelque passion. S'il ne paie pas à l'échéance, il ne peut alléguer aucune excuse qui soit légalement bonne; en empruntant, il devait connaître d'avance ses moyens pour rembourser; s'il ne peut pas satisfaire à ses engagemens, tant pis pour lui; c'est à sa légèreté ou à son imprévoyance, qu'il doit attribuer ce qu'il souffre. D'après cette doctrine, conforme à l'équité et à la saine raison, la contrainte par corps, *si elle pouvait être bonne à quelque chose*, si sur-tout elle pouvait assurer ou accélérer le paiement d'une dette que généralement elle recule et rend plus difficile, loin d'être réservée exclusivement aux commerçans et aux dettes commerciales, devrait être attachée uniquement aux dettes civiles et contractées par des non commerçans. C'est là aussi la doctrine et la jurisprudence adoptées en Angleterre. Voici, entre autre, ce que dit à ce sujet le célèbre Blackstone :

« Les lois anglaises, en garantissant le débiteur de l'inhumanité » des créanciers, mettent celui-ci à l'abri de la fraude et de l'in- » justice; afin même de ne pas encourager la prodigalité et l'extra- » vagance ; *cette indulgence ne s'étend qu'aux débiteurs réelle-* » *ment commerçans, ou actuellement dans le commerce, eux* » *seuls étant par état, sujets à faillir par des pertes accidentel-* » *les, qui ne sont pas de leur faute. La loi regarde comme un* » *délit injustifiable dans un homme non commerçant, de con-* » *tracter une dette un peu forte ; le commerce ne peut être fait* » *sans crédit ; contracter des dettes dans cette profession, est* » *donc, non-seulement juste, mais nécessaire; par conséquent,* » *le commerçant seul doit profiter des lois rendues en faveur des* » *faillis.* »

Que dire maintenant de l'erreur généralement répandue parmi les commerçans, que la contrainte par corps est nécessaire pour l'intérêt du commerce, au point qu'ils applaudissent à la proposition de rendre l'emprisonnement du débiteur perpétuel sans même en exempter les septuagénaires! voilà le premier jurisconsulte du pays le plus commerçant du monde qui, d'accord avec les lois et la jurisprudence de toute l'Angleterre, donne à cette théorie erronée un démenti formel ; et notez bien que nous n'en sommes ici encore qu'à Blackstone, qui écrivait et professait il y a plus de cinquante ans. Depuis ce temps les lois et la jurisprudence commerciale ont fait bien du chemin dans sa patrie et sont devenues bien plus indulgentes envers les débiteurs commerçans.

Ici se présente une réflexion importante sur l'étrange contraste que nous offre l'histoire de la législation et de la jurisprudence anglaise, sur cette matière, avec celle de la nôtre en France. D'après l'ancienne loi commune, vraie loi fondamentale de l'Angleterre, qui ne reconnait que forcément les statuts et subsidiairement la loi écrite, la contrainte par corps est attachée de droit à toute dette liquide (commerciale au non)' de 10 (aujourd'hui de 15) livres sterling, que le créancier peut affirmer sous serment lui être due. Celui-ci peut même sur ce simple serment faire arrêter son débiteur jusqu'à ce qu'il ait fourni caution de se présenter au terme prochain des assises pour y débattre la cause et se voir condamner au paiement, s'il y a lieu. Voilà comme l'on voit une loi bien sévère. Il est vrai toutesfois que celui qui a une fois fait emprisonner son débiteur, ne peut plus du vivant de celui-ci l'exproprier, ni saisir ses meubles, parce que l'emprisonnement est regardé comme *summum remedium legis*, comme un acte d'exécution du premier ordre.

Cette loi, comme je viens de le dire, s'étendait aux dettes civiles aussi bien qu'aux dettes commerciales. Mais sous la reine Elisabeth, lorsque le commerce commença à fleurir en Angleterre, on sentit bientôt la nécessité d'adoucir la rigueur de cette loi à l'égard des commerçans qui autrement auraient en bonne partie renoncé à une profession aussi scabreuse. En conséquence on fit le premier statut, appelé *le statut de banqueroute* (1), dont parle Blackstone dans le passage cité, lequel a été suivi de plusieurs autres statuts qui tous ont pour objet d'exempter les commerçans faillis, mais honnêtes, de la rigueur des lois ordinaires contre les débiteurs non commerçans. En vertu de ces statuts, chaque faillite obtient une commission

(1) Ce mot *faillite* n'existe pas en Anglais. Avant la renaissance du commerce, la dénomination de *banqueroutier* impliquait même un crime.

nommée par le chancelier, laquelle, quant à ses fonctions, ressemble beaucoup au commissaire et aux syndics de la faillite, nommés chez nous par le tribunal de commerce. Cette commission rassemble les créanciers, qui délivrent s'il y a lieu, au failli un certificat portant qu'il s'est conformé au statut de banqueroute en indiquant au vrai son actif et son passif, après quoi il obtient sa liberté, soit par un traité, soit en abandonnant ce qu'il a. Presque toujours le failli obtient sur la masse de la faillite, une somme plus ou moins considérable, non-seulement pour le mettre en état de subsister avec sa famille, mais de quoi continuer une honnête industrie. Pour l'exécution de ce statut, on peut voir la gazette de Londres, qui toutes les semaines donne une liste des faillites, des commissions nommées pour chacune et des dividendes. Divers *monthly reviews*, ainsi que l'*annual register* donnent les mêmes listes par mois et par année. Elles effraient au premier aspect par le nombre prodigieux de faillis, dont aucun pour ainsi dire n'est détenu. Mais il faut considérer qu'à Londres il se fait plus d'affaires et d'entreprises commerciales en un jour qu'à Paris en un mois; et qu'en général on n'est pas très-sévère à ce sujet, parce qu'on y pense avec raison que contre une spéculation qui manque et ruine son auteur, il y en a dix qui réussissent et enrichissent le pays. Si tous les faillis étaient emprisonnés et détenus pour la vie, comme je l'ai entendu dire à bien des gens qui cependant avaient été en Angleterre, il faudrait un quartier entier de Londres pour les loger.

Enfin, comme malgré les adoucissemens apportés successivement par les statuts, à la rigueur de la loi sur la contrainte par corps, des créanciers obstinés employaient toutes sortes de chicanes pour retenir en prison des débiteurs plus ou moins hors d'état de payer, il a été créé, il y a cinq ans, une nouvelle cour de justice *ad hoc*, appelée la *cour des débiteurs insolvables*, dont l'unique occupation est d'écouter et de juger les demandes en mise en liberté des débiteurs détenus mal-à-propos. Cette Cour les entend contradictoirement avec leurs créanciers et lorsque les premiers ne paraissent pas coupables de dol, la Cour ordonne leur mise en liberté, ce qui éteint toutes poursuites pour dettes passées.

On voit par-là que tandis que chez nous la législation et les tribunaux ont, d'un commun accord, cru favoriser le commerce et les commerçans en aggravant les lois déjà sévères sur la contrainte par corps pour dettes commerciales, le gouvernement et la législation anglaise ont suivi une marche diamétralement opposée pour atteindre le même but, et l'expérience a fait voir qu'ils avaient raison. Leurs lois en faveur des débiteurs et faillis commerçans sont devenues chaque jour plus douces et plus humaines, et loin que le crédit commercial s'en soit ressenti, le commerce y a prospéré au milieu de la guerre et en dépit du blocus continental. On y emprunte en ce moment à quatre pour cent par an sur hypothèque; les quatre pour cent consolidés y sont au pair; le bon papier de commerce s'escompte à trois pour cent par an, etc., etc.

Ces adoucissemens successifs des lois de rigueur contre les débiteurs commerçans, par suite des divers statuts de banqueroute, ont donné lieu à un fait assez singulier. Comme les tribunaux, qui ne connaissent en général que la loi commune, n'aiment pas les lois de statuts qu'ils restreignent autant qu'ils peuvent, ils ne reconnaissent pour commerçans faillis, et comme devant profiter du statut sur les banqueroutes, que ceux qui se trouvent rigoureusement dans les limites des catégories indiquées par les statuts, ensorte qu'il n'est pas toujours aisé à un commerçant failli de se faire reconnaître pour tel; en d'autres mots, n'est pas banqueroutier qui veut. Voici ce que Blackstone observe à ce sujet :

« Acheter et vendre seuls ne constituent pas un commerçant; il » faut qu'un homme gagne sa vie par-là; le laboureur, le jardi- » nier, ne peuvent être des faillis; il en est de même de l'auber- » giste, puisqu'il ne gagne pas sa vie à acheter et à vendre comme

» marchand, mais par le loyer de ses chambres et de leur ameublement, par ses soins pour servir le monde; et quoiqu'il puisse » acheter du pain et du vin pour les revendre à ses pratiques, cela » ne le rend pas plus commerçant que le maître d'école qui tiendrait » une pension; ceux qui achètent des matières brutes et les revendent façonnées en souliers, etc.; les taillandiers ne doivent pas non » plus être regardés comme commerçans, etc. Les cours de justice » ont eu tellement soin de restreindre ceux qui peuvent prétendre » au bienfait du statut sur les banqueroutes, que le juge Holt a » regardé comme n'étant pas un acte de banqueroute le fait du » débiteur qui met ses effets à l'abri d'une saisie. Le simple protêt » du refus de payer n'est pas non plus dans ce cas, parce qu'un » homme peut avoir de bonnes raisons pour ce refus, telles que le » soupçon de fraude, etc. »

J'ai dit plus haut que l'exemption de fait de la contrainte par corps en faveur des débiteurs commerçans était non-seulement conforme à l'équité, mais dans l'intérêt bien entendu du commerce, qui est que l'état de commerçant jouisse d'une grande considération afin que les hommes d'une fortune considérable et de grands capitaux, ne répugnent pas à entrer dans cette carrière. Certes, il n'y aura pas beaucoup de gens de cette dernière classe qui voudront y entrer, si au moindre faux pas elle leur présente pour perspective un logement forcé à la prison de Sainte-Pélagie. C'est d'ailleurs une remarque aisée à vérifier et conforme à la nature de l'homme qui joint à de l'éducation une certaine fortune. Sur dix commerçans de nouvelle fabrique même, qui font faillite, il n'y en a pas un à qui l'on puisse reprocher de l'avoir faite de propos délibéré; la honte et les désagrémens qui en résultent sont tels, qu'il n'y a que de véritables vauriens qui osent faire une spéculation d'une banqueroute. Lors même qu'elle paraît inévitable, le failli cherche à en reculer l'ouverture tant qu'il peut, allongeant la courroie, empruntant d'une part, et souvent à gros intérêt, pour rembourser d'une autre, jusqu'à ce qu'il soit forcé de fermer la caisse. Cette répugnance de passer pour failli est un motif bien autrement puissant pour engager un commerçant à faire honneur à sa signature, que ne l'est la contrainte par corps. Au lieu d'étouffer, de briser ce ressort par des lois déshonorantes et rigoureuses, cherchez à lui donner une nouvelle vigueur, et bientôt le commerçant n'aura plus besoin de l'emprisonnement à vie pour faire tous ses efforts à remplir scrupuleusement ses engagemens.

Nous avons vu, Blackstone et les statuts de banqueroute à la main, que ce qui a lieu en France dans la pratique, et par suite de la contradiction qui existe à cet égard entre la loi générale sur la contrainte par corps qui y assujétit uniquement les commerçans, et le titre des faillites qui les en exempte, et qui produit un résultat diamétralement opposé à l'intention bien prononcée des partisans de la contrainte par corps, et de toutes les assemblées délibérantes qui se sont occupées de cette question, est érigé en Angleterre en théorie, et considéré comme un principe fondamental de législation en matière de dettes. D'après ce principe dont Blackstone a démontré, ainsi que nous avons vu, l'évidente justice, par des raisonnemens qui jusqu'ici sont demeurés, et demeureront éternellement sans réplique, les commerçans seuls sont et doivent être exempts de la rigueur des lois contre les débiteurs qui manquent à leurs engagemens.

Aux motifs que Blackstone a si bien développés en faveur de la doctrine anglaise, diamétralement opposée à celle de nos législateurs et légistes, j'en ajouterai un autre puisé dans la différence qui existe entre les dettes commerciales et les dettes civiles, quant au but qui les fait contracter, et aux résultats que les unes et les autres produisent. Ce motif, non-seulement est d'un ordre d'idées plus général et plus élevé, mais il répond en même temps à l'argument bannal auquel quelques partisans de la contrainte par corps ont recours pour la justifier, quand tous les autres ont échoué. Forcés de convenir que les prêts qui ne se font que dans la confiance que le prêteur pourra au besoin exercer la contrainte par corps contre l'emprunteur, s'il ne paie pas à l'échéance, sont rarement de vrais effets de commerce, et qu'il font en réalité plus de tort au crédit commercial qu'ils ne le favorisent; ils se rejettent sur la nécessité de favoriser tous les prêts et emprunts quelconques, parce que ce sont, selon eux, autant de moyens d'échange et de reproduction. C'est de même l'opinion de plusieurs personnes instruites en économie politique; mais avec toute la déférence pour leurs lumières, je ne puis partager leur avis, et voici mes raisons que je soumets au jugement du lecteur :

Toutes les dettes commerciales, aussibien que civiles, proviennent de fournitures et de travaux faits à crédit, ou de prêts et d'emprunts en argent; et les unes et les autres ont pour objet une dépense improductive ou une dépense productive. Un propriétaire qui emprunte pour faire des améliorations à ses terres, pour faire réparer sa maison, pour planter des arbres, contracte une dette favorable à la reproduction et utile à l'état; celui qui achète à crédit une voiture et des chevaux de luxe, ou qui emprunte sur ses terres pour bâtir un hôtel à Paris, pour l'orner de glaces, etc., fait une dépense improductive qui appauvrit l'état. Le commerçant, banquier ou autre qui donne ses acceptations contre des marchandises, contre de l'argent ou d'autres valeurs sur lesquelles il fait un bénéfice, augmente son capital et fait indirectement un emprunt profitable à lui et au pays; il n'en serait pas de même s'il donnait ces mêmes acceptations en échange de vin de Madère destiné à la consommation de sa table. Il ne faut pas être bien versé en économie politique et en matière de commerce et d'emprunts, pour sentir que loin de favoriser, par des moyens quelconques, et surtout par des lois coercitives, les emprunts et les crédits dont l'objet et le résultat sont une dépense stérile et improductive, il serait d'une bonne politique d'entraver de toutes les manières possibles ces crédits nuisibles. La richesse nationale, que l'économie seule conserve et accroît, y gagnerait autant que la morale. Le *maximum* d'une bonne législation en cette matière, serait même, si on pouvait amener les choses au point que personne n'obtînt du crédit pour une somme un peu considérable, qu'il ne présentât en sa faveur une réputation assurée de probité et d'exactitude à remplir ses engagemens. Les avoués et huissiers seraient les seuls qui y perdraient, mais la société et l'état y gagneroient sans aucun doute (1).

---

(1) Les prêts en argent, ainsi que les fournitures à crédit en marchandises, qu'un système exagéré sur les avantages du crédit et des emprunts, voudrait favoriser par tous les moyens et même en appliquant la contrainte par corps aux non commerçans à qui les prêteurs ou fournisseurs font signer des lettres de change simulées, loin de favoriser le vrai commerce lui sont nuisibles, ainsi qu'à la société entière, sous trois raports.

1°. Ils font hausser l'intérêt de l'argent employé au vrai commerce, en détournant vers des dépenses improductives, une partie des capitaux qui auraient été employés dans le commerce à des échanges et dépenses productives.

2°. Ils entretiennent et encouragent les joueurs, les dissipateurs, les imprévoyans, les étourdis qui, avec le secours de la contrainte par corps empruntent à cent pour cent d'intérêt, des prêteurs à la petite semaine, de quoi jouer ou faire de folles dépenses.

3°. Ils introduisent à côté des mauvais sujets et des fainéans dont la société n'est déjà que trop pourvue, une nouvelle classe de travailleurs, qui non seulement ne produisent rien, mais qui par état sont occupés à faire consommer et détruire les valeurs produites; ce sont précisément ces prêteurs à la petite semaine, escrocs et usuriers, vivant habituellement de l'imprévoyance et de l'inconduite des emprunteurs, et qui après les avoir ruinés sont presque toujours les seuls créanciers payés, les seuls qui osent profiter de la contrainte par corps, quand ils croient pouvoir

Or, quoique parmi les emprunteurs non commerçans il y en ait plusieurs qui empruntent pour conserver et reproduire, il paraît cependant prouvé par l'expérience, que le plus grand nombre emprunte pour dépenser d'une manière improductive, et de là vient que les propriétaires fonciers ont tant de peine à trouver à emprunter sur hypothèque, tandis que tout commerçant un peu famé emprunte avec la plus grande facilité, et à un intérêt bien plus bas sur sa simple signature. D'un autre côté, quoique dans le grand nombre de commerçans il y en ait plusieurs qui font de mauvaises affaires, ou des dépenses improductives, la masse cependant des commerçans, qui vit en quelque sorte de crédit, qui prête et emprunte alternativement tous les jours, gagne et augmente son capital, et fait par conséquent plus d'emprunts et de dépenses productives que d'improductives. En thèse générale, il est donc de l'intérêt bien entendu du gouvernement, du commerce et de la société en général, de ne favoriser en aucune manière, par la contrainte par corps, les crédits et les prêts faits aux non-commerçans, parce que loin d'enrichir la société, ils ne tendent qu'à l'appauvrir; et quant aux commerçans, nous avons vu que cette contrainte ne peut rien ajouter à leur crédit, puisque l'usage de ce moyen coercitif est enlevé au prêteur par la loi sur les faillites, au moment où il en aurait besoin, c'est-à-dire, lorsque la traite est protestée faute de paiement.

Mais, dira-t-on, si par une conséquence nécessaire de notre Code de commerce sur les faillites, il n'y a réellement point de

---

le faire sans grands frais ni risques. Qu'on ajoute à cela les nombreux agens de la justice, nécessaires pour faire exécuter la loi, les huissiers et leurs recors, les gardes du commerce, les gardiens et employés des prisons et autres travailleurs improductifs, occasionnant d'immenses dépenses stériles qu'entraînent ces malheureux crédits, et puis qu'on me dise comment ils peuvent favoriser le commerce essentiellement basé sur l'économie, la confiance et la bonne foi?

vrais commerçans emprisonnés et détenus pour dettes, quels sont donc ceux qu'atteint réellement la contrainte par corps pour dettes, à laquelle, d'après le texte formel du Code civil, et d'après l'intention bien prononcée des rédacteurs de ce Code, aussi bien que de ceux du Code de commerce, les débiteurs commerçans seuls devraient être sujets?

Ce sont : 1°. et principalement des non commerçans, à qui des prêteurs de profession ont fait accepter des lettres de change simulées, ou endossé des lettres de change réelles, sauf à eux à les faire escompter comme ils aviseront, le tout pour mieux assurer le paiement de la somme stipulée dans la traite, somme qui comprend à-la-fois le capital réellement prêté, et les intérêts conventionnels qui, à leur tour, renferment la prime d'assurance qu'il est bien juste de faire supporter à des emprunteurs aussi scabreux (1). Ceux-ci n'étant pas commerçans par état, ne peuvent profiter du bénéfice de la loi sur les faillites, en déposant leur bilan et produisant leurs livres, et la première lettre de change protestée suffit pour les faire conduire et détenir à Sainte-Pélagie, quoiqu'ils n'aient participé à aucune transaction commerciale, et que les lettres de change simulées qu'on leur a fait accepter, aient été tirées et acceptées dans la même chambre, ou que les lettres de change réelles même, qu'on leur a endossées et fait prendre pour de l'argent comptant, soient simulées à leur égard, puisque tout le transport d'argent de place en place qui, selon nos jurisconsultes, constitue seul une vraie lettre de change, s'est borné pour eux à recevoir dans un cabaret voisin du Palais-Royal, une traite qu'ils ont négociée à cinquante pas de là, à un courtier marron de la coulisse.

---

(1) Dans une bonne partie de ces prêts usuraires ou du moins illégaux, la prime d'assurance est renfermée dans le prix exorbitant auquel le prêteur à la petite semaine fournit les montres ou autres marchandises qui entrent comme argent comptant dans la somme prêtée.

Ces débiteurs, qui forment la grande majorité des détenus pour dettes à Sainte-Pélagie, non-seulement sont entièrement étrangers au commerce, mais leurs incarcérans et recommandans qui figurent périodiquement et simultanément pour plusieurs détenus à-la-fois sur le registre des écrous, sont, ainsi que l'observe très-bien un petit écrit publié par un détenu, également étrangers au commerce.

Ce sont ensuite et 2°. des petits marchands, commerçans pour un quart, et artisans ou fabricans pour les trois quarts, dont tout le commerce se réduit à la vente des produits de leur travail journalier, qui par les lois anglaises sont nommément exceptés de la classe des commerçans, et qui chez nous ne se trouvent dans cette catégorie qu'à cause de la patente qu'ils sont obligés de prendre. De ce nombre sont les vitriers, maçons, peintres en bâtimens, tailleurs, cordonniers, etc.; n'ayant généralement pas de grands capitaux, obligés de travailler et de fournir les produits de leur travail à crédit à des particuliers non commerçans qui rarement les paient exactement, et qui souvent ne les paient pas du tout, ils sont plus sujets à manquer que ne le sont les négocians ou marchands proprement dits. D'un autre côté, leur commerce tout de détail et de peu d'étendue, joint à leur éducation peu soignée, la plupart d'entre eux faisant rediger leurs mémoires de fournitures par des écrivains publics, fait que rarement ils tiennent des livres qu'ils puissent produire pour leur justification, et qui les mettent à même de profiter du Code des faillites. Un billet à ordre de cent un francs, souscrit ou endossé par eux, suffit pour les faire conduire et détenir à Sainte-Pélagie, si le porteur veut en faire les frais. Il s'y trouve aussi quelques anciens négocians, retirés depuis des années de tout commerce, qui ont été arrêtés par suite d'anciennes affaires restées en suspens.

Plusieurs de ces débiteurs enfin, commerçans et non commerçans qu'on n'aurait pas même eu droit d'arrêter, se trouvent détenus par suite de jugemens surpris ou passés en force d'autorité de chose jugée, parce qu'ils se sont laissé condamner par défaut, qu'ils ont eu honte de se présenter, ou n'ont pas fait les diligences nécessaires pour éviter l'arrestation dont ils étaient menacés. Lorsqu'on peut être arrêté et détenu pour une somme aussi chétive que 101 francs, ces surprises doivent être d'autant plus fréquentes, que d'une part, les frais pour s'en garantir et défendre ne sont pas toujours dans les mains du débiteur, et que d'un autre côté, le tribunal de commerce est tellement accoutumé à entendre tous les jours demander la contrainte par corps par des créanciers porteurs d'effets de commerce protestés, qu'elle est devenue en quelque sorte une conséquence naturelle de toute demande portée à ce tribunal, et que le greffier l'insère par fois dans un jugement, comme une affaire de protocole, sans que le tribunal l'ait prononcée, ou ait même eu droit de la prononcer. Une demande de cent écus pour dette commerciale, mais qui ne se présente pas devant le tribunal sous la forme d'une lettre de change, ou d'un billet à ordre, pourra entraîner une longue délibération de la part des mêmes juges qui prononceront la contrainte par corps à la seule vue du protêt mis au dos d'une traite. Pour parer à ces abus aussi multipliés que graves par leurs conséquences, il conviendrait de faire faire par une commission nommée *ad hoc*, tous les six mois une enquête sur les causes de la détention des prisonniers pour dettes. La liberté individuelle est une chose assez importante pour qu'on y regarde de près, surtout quand il s'agit d'en priver un homme pour avoir fait ce que la loi ne regarde pas comme un délit (1).

---

(1) Que dirait cette commission d'enquête si on lui démontrait qu'un débiteur de la plus petite classe des marchands dont la signature et le nom sont tout au plus connus dans la banlieue de sa paroisse, peut être arrêté, et détenu à Sainte-Pélagie, pour une dette de 23 francs 50 centimes? Or, voici l'historique détaillé de cette arrestation étrange, qui n'a

Jadis, aux prisonniers ci-dessus, il aurait fallu ajouter les détenus pour dettes de nourrices, qu'on n'emprisonne plus aujourd'hui Pourquoi ? parce que l'expérience a prouvé que la contrainte par

---

été qu'effleuré dans un petit écrit qui m'est tombé sous la main intitulé : du projet de loi relatif à la contrainte par corps, présenté le 2 mars à la Chambre des députés.

Le sieur Joly, marchand de vaches patenté, demeurant à Piscop, canton d'Ecouen, arrondissement de Pontoise, département de Seine et Oise, a acheté, il y a environ six mois, du sieur l'Espinasse, marchand de chevaux, demeurant à Lesmone, commune de Saint-Ouen-lez-Pontoise, un cheval pour la somme de 220 francs.

Il lui a donné en paiement un billet à son ordre, qu'il avait reçu, et qui était de la même somme. Ce billet n'ayant pas été payé à l'échéance, a été protesté, et le sieur Joli en a souscrit un autre à l'ordre de son vendeur, le même sieur l'Espinasse, montant à 230 francs, y compris les intérêts et frais du protêt. Au moment de la remise de ce billet, la femme du sieur Joli a donné cinq francs à compte (probablement pour payer les frais), ci . . . . 5 fr.

Le sieur Joli n'ayant pu payer à l'échéance a été poursuivi ; un mois après il a payé un à-compte de	120	
Quinze jours après, son domestique a payé pour lui un autre à-compte de	25	
Une autre fois le même domestique a prêté au sieur l'Espinasse	1	50 c.
Quinze jours après le sieur Joli a payé encore un à-compte de	45	
Ensemble	206	50
Le montant du billet souscrit en dernier lieu était de	230	
En conséquence il ne restait plus dû que	23	50

C'est pour cette misérable somme de 23 francs 50 centimes que le sieur Joli a été arrêté, conduit et incarcéré le 10 février dernier, à Sainte-Pélagie ; et comme le coût de son écrou est de 170 francs 25 centimes, il faudra maintenant près de 200 francs (non compris la restitution des 70 centimes par jour, ou 20 francs par mois pour alimens, alloués par la loi) pour qu'il en sorte.

Le sieur Joli produisait bien les reçus des 120 et des 45 francs. Il justifiait également du paiement des autres faibles à comptes qui réduisaient

corps était le plus mauvais moyen du monde pour faire payer de petites dettes. Pour peu qu'elle eût paru utile, on l'aurait certainement maintenue; car ces dettes sont les plus sacrées de toutes, parce

---

effectivement la dette restante à 23 francs 50 centimens, mais le créancier pour pouvoir le faire arrêter, s'est prévalu de la jurisprudence établie qui veut (et je crois avec raison) qu'à quelque somme que se montent les à-comptes payés, et quelque minime que soit le restant dû, le créancier puisse en poursuivre le paiement jusqu'à ce qu'il ne reste plus rien à payer.

Je ne blâme aucunement le sieur l'Espinasse d'avoir poursuivi quoiqu'un peu rigoureusement, le paiement de ce qui lui restait dû; il a usé du droit que lui accordaient sa qualité de créancier légitime et la loi. Je ne critique pas non plus la jurisprudence qui autorise ces poursuites; elle est indispensable pour le recouvrement de ce qui reste dû, et si on la changeait, aucun créancier ne voudrait recevoir des à-comptes qui réduiraient sa créance au-dessous de 101 francs, ce qui serait préjudiciable au débiteur aussi bien qu'au créancier. Je ne cite cet exemple frappant que pour faire voir à quelles absurdités et injustices comparativement révoltantes conduit une loi aussi contraire à l'équité qu'à la justice distributive, à l'intérêt même bien entendu des créanciers. Si au lieu d'être marchand de vaches, le débiteur incarcéré avait été marchand d'or et d'argent, tel qu'un orfèvre, s'il avait été commerçant en gros, banquier, etc., et si au lieu de redevoir 23 francs 50 centimes sur 230 francs, prix d'achat du cheval, il avait manqué décemment de 230 mille francs sur un million, et que contre toute vraisemblance il eût été incarcéré, il ne lui serait pas arrivé pis, et il lui resterait probablement plus de 70 cent. à dépenser par jour. Cette dernière supposition n'est pas même admissible; car nous avons vu qu'un commerçant failli de ce gros calibre, était par le Code des faillites même, exempt de fait de la contrainte par corps.

J'ai demandé plus haut ce que dirait la commission d'enquête envoyée à Sainte-Pélagie en voyant cette scène déplorable? Réflexion faite, je crois qu'elle ne dirait rien, parce que cette scène est le résultat inévitable de la loi même. Mais comme il est évident par l'historique même de la dette et des paiemens, que le débiteur a payé tant qu'il a pu et qu'il est vraiment dans l'impuissance de payer les 200 francs montant du reste et et des frais; comme d'ailleurs les commissaires sont des Français, je pense qu'ils fouilleraient par une espèce d'instinct simultanément dans leurs poches, et se cotiseraient pour mettre en liberté le pauvre marchand de vaches.

que de leur acquittement régulier dépend indirectement l'allaitement et la vie des enfans, quoiqu'elles n'aient rien de commun avec les dettes de commerce et le crédit commercial.

Il n'est aucunement question ici des débiteurs non commerçans, ni de dettes civiles proprement dites et reconnues telles, parce qu'il est généralement convenu que la contrainte par corps ne leur est applicable qu'autant que les débiteurs sont prévenus d'escroquerie, de stellionat ou de vol, ou qu'ils sont rétentionnaires de deniers publics, accessoires absolument étrangers à la question générale de la contrainte par corps pour dettes, et sur tout pour dettes commerciales. Mon opinion individuelle d'ailleurs, absolument conforme à celle de Blackstone, (*si licet minima comparare magnis*), est, que si *la contrainte par corps peut être bonne à quelque chose quand il s'agit de se faire payer par son débiteur*, elle devrait être exercée de préférence, et exclusivement même, contre les débiteurs non commerçans, parce qu'ils n'ont aucune excuse à alléguer, tirée des chances auxquelles leur état serait assujéti, comme l'ont en leur faveur, les commerçans sujets à des risques de toute espèce, et journellement victimes des faillites qu'ils éprouvent eux-mêmes de la part de leurs débiteurs ou chalands.

Comme rien n'est plus propre à porter la conviction dans les esprits les plus égarés même, par d'anciens préjugés et par une longue routine, que des faits actuellement sous les yeux, et que tout le monde peut vérifier sans avoir besoin de quitter Paris, je joins ici une liste dressée par état et profession, des cent-trente individus détenus pour dettes à Sainte-Pélagie, liste dont je garantis l'exactitude, et qui d'ailleurs, se trouve à-peu-près conforme à celle présentée dans les observations imprimées et citées plus haut. Elle prouvera mieux que tous les raisonnemens du monde, l'absolue inutilité de la contrainte par corps, proposée comme moyen de donner du crédit aux effets de commerce, en assurant leur paiement à l'échéance.

Le nombre des détenus à Sainte-Pélagie est en tout de cent trente, composés ainsi qu'il suit :

99 non commerçans.

21 Militaires.
24 Anciens fonctionnaires et employés.
11 Propriétaires.
12 Étrangers.
3 Cultivateurs.
1 Écrivain public.
1 Porteur de charbon.
5 Ouvriers.
1 Marinier.
1 Sculpteur.
1 Ancien blanchisseur.
1 Tonnelier.
2 Bourreliers-selliers.
2 Traiteurs.
2 Cafetiers.
1 Cabaretier.
4 Agens d'affaires.
4 Anciens fournisseurs sous-traitans.
2 Horlogers.

31 commerçans ou réputés tels.

Je dis *réputés tels*, à cause de la patente, car il n'est pas exact d'appeler commerçant un tailleur, un distillateur vinaigrier, etc., qui ne débite que les produits de son travail.

8 Commerçans ou négocians, dont 2 faillis.
2 Commis marchands.
2 Boutiquiers.
2 Marchands et courtiers de chevaux.
1 Marchand de vaches.
2 Tailleurs.
1 Marchand fripier.
2 Marchands de bois.
3 Distillateurs vinaigriers.
2 Grainetiers.
5 Marchands de vin.
1 Fruitier.

En lisant avec attention cette liste formidable de commerçans détenus pour dettes, dans la prison de la capitale, n'est-on pas forcé de sourire de pitié à l'importance qu'attachent les partisans de la contrainte par corps à ce moyen coercitif, à cause de ses influences sur le crédit commercial ? le but n'est-il pas aussi pitoyable que le moyen est effrayant ?

J'ai fait voir qu'en Angleterre la contrainte par corps n'avait plus lieu pour dettes commerciales, et que même pour les dettes civiles, elle avait été singulièrement adoucie par divers statuts aussi bien que par la jurisprudence des tribunaux, dans tous les cas où il n'appert pas de la part du débiteur, fraude ou dol. Mais quand même la contrainte par corps y serait exercée avec la plus grande rigueur contre les débiteurs commerçans aussi bien que non commerçans, ce qui n'est point, elle y serait bien plus justifiable de la part du législateur qu'elle ne l'est en France, à cause de la différence énorme qui existe dans la législation des deux pays, au sujet des oppositions mobiliaires formées sur les capitaux que le débiteur peut avoir en main tierce, et même sur les propres revenus. Cette différence mérite une digression particulière tant à cause de son importance dans la décision de la question particulière qui nous occupe, que sous le raport des idées de législation d'un autre ordre.

Chez nous en France, tout créancier *réel ou prétendu* peut former opposition mobiliaire à toutes les sommes quelconques que son débiteur *réel ou prétendu* peut avoir en main tierce, soit à titre de dépôt, soit à titre de créancier, ainsi qu'au paiement des loyers de ses maisons, des fermages de ses terres, enfin à celui de tous ses revenus quelconques, dont il est défendu en vertu de cette même opposition duement signifiée, aux locataires, fermiers, dépositaires et débiteurs ou détenteurs de deniers appartenant à celui contre lequel l'opposition est formée, de se dessaisir. Et cette opposition peut être formée non seulement sans jugement préalable, et en vertu d'un titre apparent, quoique non exécutoire, mais encore sans aucun titre et en vertu d'un simple permis de former opposition, que le président du tribunal civil accorde sur une requête dans laquelle le *prétendu* créancier (car s'il l'étoit reellement aux yeux de la loi, il n'auroit pas besoin de permis), expose à M. le président, qu'il lui est dû par M. un tel, telle ou telle somme, *mais que n'ayant pas un titre suffisant*, il ne peut pour le moment faire les actes conservatoires, nécessaires pour assurer en tems et lieu le recouvrement de sa créance; qu'en conséquence il prie M. le président de lui donner un permis de former opposition entre les mains de tels ou tels débiteurs ou dépositaires de deniers appartenant à son adversaire. Il est rare que ce permis soit refusé, et comme pour obtenir la main levée de l'opposition il faut suivre toutes les instances d'un procès en règle, il arrive journellement qu'un homme bien au-dessus de ses affaires, un propriétaire, se trouve dans la gêne et poursuivi pour le paiement de dettes, bien inférieures au montant des capitaux et revenus à lui appartenans, qui se trouvent saisis en vertu d'un permis du président. Laissant de côté les autres inconvéniens graves qui résultent de cette stagnation forcée de capitaux, je demande comment on peut concilier ces oppositions irrégulières, quoique légales, dont personne ne peut se garantir, avec la contrainte par corps, sans blesser toutes les règles d'équité et de justice distributive. Sous l'ancien régime c'étoit bien pis ; le premier va nu-pied, à qui il n'était rien dû, qui n'avait pas même une ombre de titre à produire, mais qui vouloit chicaner quelqu'un, ou qui s'entendoit avec le débiteur de ce dernier, formoit une opposition par exploit d'huissier *pour raisons à déduire à l'audience*. Après avoir vécu cent ans sous cette inconcevable jurisprudence, qui prouve l'ignorance absolue où l'on était de l'importance attachée à la disponibilité des capitaux mobiliaires, les abus multipliés que cette facilité de former oppositions avait entraînés, avait enfin engagé les rédacteurs du code civil à ôter cette faculté, et à exiger la production d'un titre suffisant pour autoriser l'opposition demandée. Mais immédiatement après cette disposition, et comme si le rédacteur s'en était repenti, vient la faculté laissée au président du tribunal civil d'accorder *dans les occasions qui paraîtront l'exiger*, un permis de former opposition non-obstant l'absence d'un titre suffisant. Or, le président du tribunal civil d'une grande ville, étant accablé de demandes de toute nature et ne pouvant possiblement en examiner le mérite, accorde assez généralement ces permis sur le simple vû de la requête, ensorte qu'ils finissent par se réduire à une affaire de pure forme, tandis qu'il suffit parfois d'un seul permis de cette espèce pour ruiner un homme qui ne doit rien, ou pour le réduire lui et sa famille dans la plus grande détresse. Il y a plus; les opposition formées en vertu de ces permis obtenus aussi facilement, sont plus nuisibles au propriétaire des capitaux ou revenus saisis, que ne l'étaient celles formées autrefois sans permis, parce que ces dernières loin d'avoir une présomption en leur faveur, étaient présumées d'avance non-fondées sur un titre, tandis que les permis portent toujours avec eux la présomption d'un droit fondé en équité, et assez clair pour avoir engagé le président à accorder le permis en question.

En Angleterre, ces oppositions *sans jugement préalable* (un simple titre même ne suffirait pas) sont absolument inconnues dans le cours ordinaire de la vie; les cas particuliers où les maires de quelques villes peuvent accorder des permis de saisir des sommes mobiliaires en mains tierces, sont très rares, et bornés à des étrangers qui se trouvent momentanément dans les villes qui jouissent de ce privilège. La sévérité exercée en Angleterre contre les débiteurs non commerçans y est donc bien plus tolérable, parce que ceux-ci ne peuvent se rejeter sur les oppositions formées entre les mains de leurs débiteurs ou locataires, à la délivrance des deniers à eux appartenans, tandis que chez nous en France, tout *débiteur* poursuivi peut alléguer pour son excuse qu'il a en main tierce des capitaux ou revenus plus que suffisans pour payer sa dette, si on ne les avait cloués là par des oppositions non fondées. Il arrive parfois, par suite de cette législation incohérente, que deux personnes forment réciproquement l'une à la charge de l'autre, des oppositions entre les mains de leurs débiteurs, fermiers et locataires, ce qui tend évidemment à les ruiner et embarrasser tous les deux. Naguères un de mes amis avait mis des oppositions mobiliaires au paiement des fermages de plusieurs fermes que son adversaire avait dans l'arrondissement de Senlis, et cela d'après un permis qu'il avait obtenu du président du tribunal de cette ville, en retaliation des oppositions que son adversaire avoit formées de son côté au paiement des loyers de ses maisons à Paris, en vertu d'un autre permis qu'il avait obtenu de M. le président du tribunal civil du département de la Seine. Et c'est ainsi que les deux parties se sont réciproquement privées de la jouissance de leurs capitaux mobiliaires et de leurs revenus, pendant toute la durée du procès.

Si l'on demande le motif de cette faculté allouée par la loi à un seul homme, en vertu de laquelle il peut arbitrairement et sur le simple exposé d'une partie, priver la partie adverse pendant un tems indéfini de la jouissance de ses capitaux et revenus, sans qu'elle eût été entendue, sans même qu'on lui ait communiqué l'exposé qui a fait mettre ses revenus sous sequestre, on répond que c'est quelquefois le seul moyen d'assurer au demandeur le paiement de sa créance que son débiteur apparent pourrait lui soustraire, en attendant qu'il pût obtenir un jugement de condamnation ou un titre en règle pour saisir les fonds déposés ou détenus en mains tierces.

A cette réponse, je demande à mon tour, pourquoi la loi n'a pas accordé à ce même magistrat, par le même motif, le pouvoir de donner des permis pour former opposition au paiement des arrérages et au transfert des capitaux de rentes qu'un débiteur réel ou apparent possède sur le grand livre, ou au paiement des sommes qu'il a en compte courant à la banque, ou chez un banquier quelconque ? le pouvoir discrétionnaire accordé à M. le président, étant étendu aux capitaux mobiliaires que je viens de nommer, serait à la fois plus vaste et plus facile à exercer, puisqu'à l'aide de ces permis, des milliers de créanciers apparens, réels ou prétendus, pourraient journellement clouer là par des oppositions et rendre ainsi non disponibles, pour vingt millions de capitaux et de revenus appartenant à des milliers de propriétaires. Ce magistrat aurait par là la faculté inappréciable de faire tous les jours non fériés une foule de ces actes qu'il croirait dans sa sagesse être des actes de justice et d'équité, et qui pourraient au fond n'être que des injustices, des iniquités et des actes vexatoires purement gratuits. Et la mine inépuisable de richesses qui en résulterait pour les avoués et huissiers, sans compter l'accroissement de revenu qu'en retirerait le trésor public par la consommation additionnelle de papier timbré ! Pourquoi la loi a-t-elle sagement retreint ce pouvoir discrétionnaire dans ces cas ? Pourquoi a-t-elle défendu de recevoir aucune opposition soit au transfert du capital soit au paiement des arrérages des rentes, ainsi qu'aux comptes courans, sur l'exhibition même d'un titre exécutoire, d'un jugement en règle, ce qui serait bien plus équitable ? Parce qu'elle a pensé que pour quelques individus à qui ces oppositions pourraient assurer leurs créances, il ne fallait pas arrêter la libre circulation des capitaux, empêcher les échanges, rendre les paiemens difficiles, diminuer la valeur vénale des rentes sur l'état, et porter ainsi un coup mortel au crédit des rentes dont la disponibilité constitue une bonne partie du prix. On peut répondre de même à ceux, qui, sous le prétexte de l'équité veulent justifier ces permis intolérables, qu'il n'y a aucune nécessité d'ériger en loi un abus évident et nuisible au grand nombre, pour faire au hazard quelques actes d'équité en faveur d'un petit nombre d'individus.

Les lois criminelles peuvent et doivent être faites pour des cas particuliers; la masse des citoyens ne vole point, n'assasine point; mais les lois et les procédures civiles doivent être faites pour la masse, et non pour quelques particuliers qui se trouvent dans l'exception. Tout le monde a droit de jouir de ses revenus et de ses capitaux mobiliers; pour pouvoir en priver un citoyen quelconque, il faut un jugement, un titre en règle.

La vérité est que ces permis ont été introduits par l'absolue ignorance où l'on a été si long-temps en France de la valeur des richesses mobilières et de l'importance extrême qu'il y a à leur donner toute la disponibilité possible. Ceci nous conduit, ainsi que j'ai déjà observé, à un ordre d'idées plus élevé.

Dans toutes les sociétés un peu régulières, chez les nations les moins civilisées mêmes, anciennes et modernes, on a senti que le premier devoir du gouvernement était de maintenir chacun dans la possession de sa propriété, quand même son droit de propriété serait contesté à cause de défaut de titre ou d'un titre vicieux. De là vient que partout, et dans toutes les contestations sur les propriétés foncières, le possessoire l'emporte sur le pétitoire. C'est par suite de ce principe fondamental et indispensable pour le maintien de l'ordre public, que toutes les contestations sur le possessoire, chez nous sont portées devant les juges de paix qui, dans ce cas, jugent sans limites ou égard pour la valeur de la propriété contestée.

Je viens de dire que le maintien du possessoire jouissait de cette préférence toutes les fois qu'il s'agissait d'une propriété foncière. Celui qui possède ne peut être dépossédé ou seulement troublé dans sa possession sur un simple titre apparent, ou en vertu d'un permis donné par le juge; pour pouvoir être mis légalement en posession d'un immeuble, ne serait-ce qu'une échoppe ou une grange, il faut un jugement un titre exécutoire. Mais, est-il question d'une propriété mobilière, fut-elle de 100,000 francs, qui se trouve entre les mains d'un tiers, tout créancier réel ou apparent peut s'en emparer à l'aide d'un permis de former opposition à la délivrance du capital entre les mains du propriétaire à qui il appartient, et dont ce dernier se trouve implicitement dépossédé avec la licence de M. le présiden. Si, au lieu d'une somme pécuniaire de 100,000 fr., ç'eût été une échoppe valant mille écus, le propriétaire dépossédé et exproprié se serait adressé au juge de paix qui, avant d'examiner même la validité du titre du créancier opposant, aurait remis le propriétaire en possession de l'échoppe, sauf à statuer ensuite sur le pétitoire. Pourquoi cette différence remarquable et inexplicable, en s'en tenant au sens commun, a-t-elle lieu chez nous ?

C'est que, dans tous les pays où le commerce n'a pas depuis long-temps fait de grands progrès, et où les richesses mobilières et leur importance relative ne sont pas appréciées, la propriété foncière est aux yeux de la loi et des légistes tout, et la propriété mobilière n'est rien. Dans l'ancien régime aussi bien que depuis la révolution, on a fait sous toutes sortes de formes, des banqueroutes épouvantables aux créanciers de l'état, sans qu'on ait songé seulement à remettre ceux-ci en possession de leur propriété ; le public même, si l'on excepte la banqueroute de l'abbé Terray, et la mobilisation des deux tiers de toute la dette publique, n'a pas paru faire attention à ces spoliations et expropriations forcées. Il y a plus: nombre de propriétaires fonciers qui auraient jeté les hauts cris, si on les avait dépossédés d'une centaine d'hectares de terre labourable, ont plus ou moins applaudi à cette dépossession des rentiers, parce que cela diminuait d'autant leur quote-part de la contribution foncière. En Angleterre, où le commerce et les échanges ont pris, depuis plus d'un siècle, un accroissement prodigieux, où le gouvernement, toujours attentif au maintien du crédit public, ne s'est jamais permis de manquer à ses engagemens envers les créanciers de l'état, et où, par une suite nécessaire de toutes ces circonstances, les richesses mobilières sont proportionnellement beaucoup plus considérables qu'en France, le principe du possessoire a constamment été applicable aux capitaux mobiliers aussi bien qu'aux propriétés foncières, et il n'y est pas plus permis de troubler, par une opposition, un homme dans la possession d'un capital ou d'un revenu qu'il possède en main-tierce, que dans celle d'une maison ou d'un pré dont il est en possession comme propriétaire notoire.

Cette différence étrange entre le respect qu'on a chez nous pour la propriété foncière, et celui qu'on a pour la propriété mobilière, est telle, que pour prendre une inscription hypothécaire sur une maison, il faut produire, ou un jugement ou un acte notarié qui vous y autorise, tandis qu'un simple permis du président du tribunal, accordé sur requête non communiquée, suffit pour former opposition aux loyers de cette même maison, dus par les locataires. Cette bizarrerie est d'autant plus étrange, que la jouissance des loyers qu'on enlève ainsi sans formalité, et à son insu, au propriétaire, est précisément ce dont il a le plus besoin, puisque c'est son revenu, ce qui lui est indispensable pour son entretien et celui de sa famille. C'est ainsi que nous réalisons dans la pratique, l'adage tiré du droit romain, *possessio rei mobilis, possessio vilis*, ce qui, dans l'esprit des jurisconsultes et des gens de loi, renferme implicitement le motif risible, qu'une propriété mobilière, fût-elle de 100,000 francs, ne mérite guère d'égards, parce qu'elle ne peut pas donner lieu à une hypothèque, à une saisie réelle, et à beaucoup d'autres actes judiciaires, qui, à leur tour, peuvent faire naître un ou plusieurs procès bien compliqués et bien nourris.

Je crois être le premier qui, dans mon avant-dernier écrit sur les finances, publié en 1817, ai porté l'attention du public sur l'influence que l'accroissement progressif des richesses mobilières, qu'on remarque chez toutes les nations modernes, devait avoir sur leur organisation sociale, sur leur législation financière et leurs lois civiles. La différence qui existe sous ce rapport, entre la France telle qu'elle était il y a soixante ans, et la France telle qu'elle est aujourd'hui, est prodigieuse. Les oppositions mobilières accordées sur de simples permis, forment sous ce rapport, un véritale contre-sens.

De tout ce que je viens de dire il résulte que, si la contrainte par corps pour dettes commerciales pouvait être justifiée par des considérations quelconques, au moins faudrait-il, pour pouvoir la concilier avec l'équité et le gros bon sens, ôter de notre Code de procédure la faculté de former des oppositions autrement que sur l'exhibition d'un jugement de condamnation en règle; encore chaque opposition devrait-elle être restreinte au montant de la créance réclamée et provisoirement adjugée; tout le reste est une vexation inutile.

Mais existe-t-il une considération quelconque qui puisse justifier la contrainte par corps pour dettes commerciales, que le projet de loi présenté propose de maintenir, en aggravant même plusieurs dispositions des lois et de la jurisprudence actuellement en vigueur sur cette matière?

Le seul motif qu'on ait jamais allégué en faveur de cette loi rigoureuse, et que ses partisans reproduisent encore aujourd'hui, est l'intérêt du commerce, qui exige, dit-on, que les effets de commerce, les engagemens souscrits par des commerçans, et sur-tout les lettres de change, jouissent du plus grand crédit, et présentent la plus haute sûreté pour le paiement à l'échéance. Sans doute ce motif, qui toutefois ne justifierait jamais l'emprisonnement à vie, mériterait d'être pris en considération, si la contrainte par corps pouvait atteindre le but pour lequel on la propose. Mais je crois avoir démontré, la loi à la main et l'expérience sous les yeux, qu'elle ne sert à rien pour cet objet.

Jusqu'ici j'ai considéré la contrainte par corps pour dettes, appliquée exclusivement aux commerçans et aux engagemens commerciaux, uniquement sous le rapport de son inefficacité pour atteindre le but que le législateur s'est proposé, et comme n'étant aucunement dans l'intérêt bien entendu du commerce. Il me reste maintenant à faire voir les injustices et inégalités révoltantes qu'entraîne nécessairement son application, quelques précautions qu'on prenne. Ces inégalités sont où générales, qui sont de l'essence même de la contrainte par corps, ou particulières, qui n'ont lieu que dans des cas d'une nature particulière.

1°. *Inégalités générales*. Un débiteur qui doit mille francs, à la rigueur même cent et un francs, est détenu pour cinq ans, et même d'après le nouveau projet de loi, pour la vie, comme celui qui a contracté des dettes pour un million, et qui par là a ruiné cent familles.

Par sa nature même, cette punition atteint plutôt le débiteur pauvre que le riche, et lorsqu'elle tombe sur les deux, elle est infiniment plus rigoureuse pour le pauvre que pour le riche. Celui-ci a presque toujours le moyen de s'en exempter en gagnant quelques créanciers qui font la loi aux autres et lui procurent un concordat plus ou moins favorable, et lorsque contre toute attente, il est forcé d'aller en prison, il se procure un logement et des aisances qui sont hors de la portée du pauvre.

La contrainte par corps atteint de préférence le débiteur honnête qui a payé tant qu'il avait de l'argent et à qui il ne reste plus rien, tandis que le débiteur fripon qui s'est préparé une réserve en suspendant ses paiemens à tems, peut, comme on l'a déjà observé, entrer en arrangement avec ses créanciers et s'arrange effectivement presque toujours avec eux.

La contrainte par corps est infiniment plus pénible pour le père de famille, qui se voit séparé de tout ce qui lui est cher, laissant sa femme et ses enfans privés de la ressource qu'ils auraient pu trouver dans le produit de son travail et de son industrie, qu'elle ne l'est pour le célibataire, qui n'a que son individu à soigner et qui prend peu d'intérêt au reste.

Elle est pénible pour l'honnête homme qui jouit de l'estime de ses voisins, qui était bien vu dans la société, et qui a honte de recevoir ses meilleurs amis dans une prison ; c'est un jeu au contraire pour un vaurien ou un vagabond qui regarde le corps-de-garde comme un pied-à-terre, et la prison comme son domicile. Prolongée pendant cinq ans seulement, c'est déjà une peine rigoureuse pour un homme jeune et bien portant ; c'est un supplice pour un homme âgé, infirme ou blessé. Que doit-ce être lorsqu'elle est prononcée pour la vie entière de l'homme ? il répugne vraiment d'y penser.

Après ces inégalités générales dont on pourrait encore augmenter le catalogue, viennent :

2°. *Les inégalités particulières*. Celles-ci sont bien plus révoltantes encore puisqu'elles tendent à punir l'innocent, tandis que le coupable se promène en liberté et est à l'aise. En voici quelques exemples choisis au hasard, qu'on peut vérifier à Ste.-Pélagie même.

A Banquier, fait faillite pour 500,000 f. dont 100,000 f. en acceptations. La majorité des créanciers fait un concordat avec lui moyennant lequel il est libéré en payant 50 pour 100, et reprend même ses affaires. Un de ses créanciers B. à qui il était dû 80,000 f. reçoit en conséquence 40,000 fr. ; mais comme il avait compté sur une rentrée de 80,000 f. et pris des engagemens en conséquence, il est forcé de suspendre ses paiemens et ne trouvant pas la même facilité de la part de ses créanciers, il est mis en prison pour un manque de paiement, qui n'est aucunement de son fait. J'ai connu des ouvriers sous-fournisseurs, et des non-commerçans qui avaient signé des lettres de change, envoyés à Sainte-Pélagie pour des cas semblables et qui n'en sont sortis que par suite des libéralités du Roi. Il y en a encore qui n'y seraient jamais entrés s'ils avaient été payés dans le temps intégralement par ceux qui leur devaient des sommes considérables, et qui à la faveur d'un concordat leur ont fait perdre 50 ou 60 pour cent, moyennant quoi ils sont aujourd'hui en liberté et vivent dans l'aisance.

Un créancier de l'état essuie une banqueroute de la part du gouvernement qui le met hors d'état de payer les lettres de change souscrites au comptant sur son paiement; à l'échéance, il est envoyé à Ste.-Pélagie, sans que sa créance sur le gouvernement quelque légitime qu'elle soit, puisse l'en tirer. Ces cas *qui probablement n'arriveront plus*, sont arrivés par centaines dans les départemens surtout, où il y avait des soustraitans pour la livraison des vivres ou fourrages de l'armée. La même chose peut arriver à un sous-traitant, sans qu'il éprouve une banqueroute, par le retard seul que met le gouvernement à liquider sa fourniture et à le payer.

Ici se rangent les oppositions sans jugement ni titre dont j'ai déjà parlé, et qui sont absolument incompatibles avec la contrainte par corps pour dettes, à moins que le législateur ne veuille renoncer à tout sentiment d'équité et de justice distributive.

Mais aucune inégalité dans l'application de la contrainte par corps pour dettes n'équivaut à la disproportion révoltante que la loi établit entre le *quasi-délit* commis par le débiteur, et la peine qu'elle lui inflige, peine que le nouveau projet de loi voudrait encore aggraver.

Un vaurien vole mille francs, les mange ou les perd au jeu. Traduit au tribunal de police correctionnelle, il est condamné à un emprisonnement de deux ans, après quoi il est mis en liberté, à moins que le propriétaire volé ne veuille faire les frais des alimens, dans lequel cas le voleur peut, à la vérité, être détenu jusqu'à la restitution de la somme volée. Mais cela est presque sans exemple, parce qu'il n'y a personne qui veuille encore ajouter à l'argent que le voleur lui a enlevé, et qui est irrévocablement perdu, le paiement d'une rente annuelle de 300 francs, pour se venger d'un mauvais sujet hors d'état de les rendre.

Un petit commerçant, au contraire (car les gros commerçans qui peuvent profiter du Code des faillites, ne subissent jamais la peine) donne à un autre en paiement son billet pour pareille somme, ou même lui endosse un billet à ordre qu'il a lui-même reçu dans le commerce; son créancier le reçoit volontairement et sans surprise. Un noncommerçant, pressé par le besoin, signe une lettre de change d'une somme moindre encore, et que son prêteur reçoit non-seulement en échange de ses avances, mais que la plupart du temps il lui dicte même dans sa chambre. A l'échéance des effets, l'un et l'autre sont envoyés à Sainte-Pélagie où ils restent détenus pendant cinq ans au moins, d'après l'ancienne loi, et pendant toute leur vie, d'après le nouveau projet, jusqu'à ce qu'ils aient payé capital intérêts et frais. Remarquez bien que cette punition extravagante est infligée pour un acte que la loi ne regarde pas même comme un délit; car les plus chauds partisans de la contrainte par corps n'osent soutenir qu'emprunter soit un délit; loin de-là, ils proposent ce moyen coercitif dans la vue de faciliter les emprunts. Sans doute il y a des escrocs, des filous qui empruntent avec l'intention de ne pas rendre, mais ce n'est pas d'eux qu'il s'agit ici; la punition de ceux-là est prévue par la Code pénal. Le projet de loi ne parle que de la contrainte par corps appliquée aux emprunteurs ou débiteurs purs et simples, sans aucune circonstance aggravante; et encore ces débiteurs ne devraient se trouver, d'après l'esprit de la loi et d'après l'intention de ses rédacteurs, que dans la classe des commerçans débiteurs et emprunteurs par état.

Voilà donc un voleur puni de deux ans de détention, tandis qu'un simple débiteur, commerçant ou présumé tel par la forme de l'effet souscrit par lui, peut être détenu pendant toute sa vie. Il y a mieux. Supposons que le voleur et le débiteur aient l'un et l'autre de quoi rendre à la fin de deux années, l'un la somme volée et l'autre la somme empruntée, alors ils sortent tous les deux de droit, ayant resté en prison chacun deux ans, l'un pour avoir volé au mépris de la loi, et l'autre pour avoir emprunté à la faveur de la loi qui prétend encourager les emprunts. Et pourquoi celle-ci inflige-t-elle une punition aussi rigoureuse, qui peut s'étendre à toute la durée de la vie, pour une action qu'elle ne regarde pas même comme un délit (car emprunter avec intention de rendre, et ne pas rembourser parce qu'on se trouve dans l'impuissance de rendre, ne sont ni ne peuvent être regardés comme un délit), pour atteindre un but que nous avons vu être une chimère, celui de donner du crédit aux effets de commerce, que l'idée seule de la contrainte par corps discrédite ; et, ce qui pis est, pour un but qu'une autre loi, celle des faillites, met le porteur d'effets protestés hors d'état d'atteindre ? En vérité, une inconséquence, une incohérence aussi palpable ne peut être admise par la saine raison, quand même elle ne serait pas aussi contraire qu'elle l'est, à l'équité et à la morale.

Et non-seulement la loi n'atteint pas le but qu'elle s'était proposé, mais elle atteint un but diamétralement opposé à l'intention du législateur, qui ne voulait appliquer la contrainte par corps qu'aux commerçans et aux effets de commerce, tandisque par la disposition qui l'attache particulièrement aux lettres de change souscrites par qui que ce soit, elle atteint principalement les non-commerçans à qui des prêteurs à la petite semaine font souscrire de ces traites. Et comme, d'un autre côté, on ne peut empêcher que ces lettres de change apocryphes ne circulent dans le public parmi les vraies lettres de change, toute la masse de celles-ci doit se ressentir plus ou moins du discrédit qui résulte du non-paiement, ou du moins du protêt des premières, discrédit que l'emprisonnement du débiteur, fût-il même mis dans une cage de fer, ne peut détruire, qu'il ne tend même qu'à accroître.

A la vérité, le Code de commerce a cru remédier à cet abus ou le prévenir, en laissant aux tribunaux de commerce la faculté de déclarer simulées les lettres de change qu'ils croiront être dans ce cas ; un arrêt même de la Cour royale, confirmé, à ce que je crois, par la Cour de cassation, a décidé que les tribunaux de commerce, en leur qualité de juges d'équité et de bonne foi, pouvaient porter ce jugement sans preuves par écrit, sur de simples présomptions. Eh bien, malgré ce pouvoir discrétionnaire, qu'on pourrait même appeler un peu arbitraire, il est à-peu-près impossible à un débiteur non-commerçant, qui a signé une lettre de change, d'être dispensé de la contrainte par corps. D'une part, les présomptions même de simulation sont assez difficiles à établir, et d'un autre côté, le tribunal de commerce, à Paris, est tellement surchargé de protêts et de demandes de condamnations pour lettres de change protestées, qu'il n'a ni le temps, ni même la bonne volonté d'écouter les réclamations des signataires, pour être exemptés de la contrainte par corps, et l'on assure qu'il en est de même dans les villes du premier et du second ordre ; la plupart du temps, le tribunal prononce, et à son défaut, le greffier insère la contrainte par corps, comme étant de droit ou de protocole.

Je dis que les tribunaux de commerce, en général, répugnent à exempter de la contrainte par corps, les signataires des lettres de change, même lorsqu'ils ont la conviction qu'elles sont simulées, et que les signataires sont des non commerçans. Cette répugnance tient à l'ancien préjugé sur l'importance extrême des lettres de change pour le commerce, préjugé qui remonte à l'invention même des lettres de change, c'est-à-dire, à trois ou quatre cents ans. L'on sait qu'elles furent inventées par les juifs, afin de pouvoir mettre leurs richesses mobilières à l'abri du pillage et des confiscations des gouvernemens de cet âge d'or, où aucun juif ni marchand n'était sûr de conserver sa fortune, et souvent même sa vie. Et, comme d'un autre côté il n'y avait à cette époque, ni poste aux lettres, ni diligences ou voitures publiques, que les routes étaient infestées de voleurs et de brigands, parmi lesquels figuraient même les gens armés des seigneurs embusqués dans leurs châteaux, une invention qui transportait l'argent de place en place, à des centaines de lieues, sans qu'on eût besoin d'un porteur ou d'une voiture, était inappréciable; et les lettres de change qui étaient les instrumens de cette précieuse découverte, durent acquérir une grande considération et importance dans le monde commerçant, et si nous en étions encore à ces temps heureux, à cet âge d'or, elles auraient et mériteraient encore cette importance. Mais, depuis cette époque, le commerce et ses agens ont fait d'énormes progrès; les transports d'argent sont devenus bien plus faciles, et non-seulement on peut faire des remises de place en place sans recourir aux lettres de change, mais la majeure partie de ces remises ne se fait pas même par des lettres de change. Tantôt ce sont des mandats, tantôt des lettres de crédit, tantôt des compensations et réglemens de compte, ou toute autre correspondance qui remplacent les lettres de change proprement dites. D'immenses sommes se transportent d'un pays à l'autre par des placemens dans les fonds publics, etc.; enfin, la nature même des lettres de change a changé avec les progrès des lumières et l'accroissement de la confiance dans la probité, la ponctualité et l'honneur répandus parmi les banquiers et les chefs des principales maisons de commerce. Autrefois on exigeait (en France, s'entend; car, en Angleterre, il n'a jamais été question de cette sottise juridico-commerciale), que le tireur eût réellement des fonds à lui dans la la place sur laquelle il tirait sa lettre de change, ce que nous appelons provision, mot absolument inconnu dans le dictionnaire de la langue commerciale de l'Angleterre! En ce moment même, cette obligation existe encore textuellement dans le Code de commerce, où il y a une disposition pénale attachée à son infraction, qui condamne le tireur au paiement de la traite protestée, dans le cas même où le porteur aurait négligé de faire les diligences prescrites pour le protêt, si ledit tireur ne peut pas prouver qu'il y avait une provision de faite chez l'accepteur, lors de l'échéance. Ce n'est pas ici le lieu de discuter cette niaiserie (car c'en est une); il suffit qu'elle soit érigée et usitée en théorie.

Dans la pratique du commerce on est moins exigeant. Tous les jours, un banquier bien accrédité à l'étranger, M. Lafitte par exemple, donne à un voyageur une traite sur son correspondant à Londres, chez lequel il peut ne pas avoir une livre sterling de provision à l'échéance, dont il peut même se trouver, à la même époque, débiteur en compte courant; la lettre de change n'en est pas moins ponctuellement payée.

Il y a plus. D'après le droit romain, sans lequel on ne peut chez nous faire rien au monde, pas même un billet à ordre, si la cause vient en appel devant la Cour royale, la lettre de change, que les Romains ne connaissaient pas plus qu'une perruque à trois marmarteaux, est assimilée à un contrat ordinaire, qui n'est valable qu'autant qu'on y trouve ce qui constitue les trois élémens de tout contrat, *consensus*, *res*, *pretium*. Or, disent nos légistes, *res* est la lettre de change, *prêtium* est l'argent donné en échange au tireur qui se charge du transport de place en place, de manière à me faire trouver la somme stipulée et indiquée dans la traite, tel jour, en tel endroit. Conformément à ces principes établis par nos docteurs et commentateurs, il faut, pour qu'une lettre de change soit à l'abri des chicanes judiciaires, que non-seulement le tireur (M. Lafitte) ait matériellement des fonds à Londres, ou qu'il les y transporte pour le jour de l'échéance, mais il faut encore que l'acheteur de la traite, celui à l'ordre duquel elle est tirée, ait payé réellement au tireur *pretium* le prix convenu pour ladite traite. Cependant il arrive tous les jours qu'un banquier donne à un de ses confrères, ou à un ami, une traite sans qu'il ait reçu le prix qui se paie souvent par compensation ou en compte courant, long-temps après que la lettre de change est échue et a été payée. A tous ces requisites, inconnus en Angleterre, il faut ajouter une dixaine de formalités requises par nos lois pour la confection d'une traite régulière, qui sont également inconnues dans ce grand siége du commerce intérieur et extérieur du monde entier.

C'est ainsi que nos tribunaux de commerce, et en général les commerçans français, attachent aux lettres de change la même importance qu'elles avaient il y a plusieurs siècles, et qu'elles ont perdue depuis long-temps. Mais il règne chez eux un autre préjugé, également erroné, qui motive cette importance chimérique, et qui les porte à demander avec tant d'acharnement la contrainte par corps, même contre les non commerçans signataires de lettres de change. C'est la crainte surannée de la rareté du numéraire dont on se plaint en France, de père en fils, depuis une dixaine de générations, sans qu'on en ait jamais manqué, rareté dont on se plaint à présent même, où la banque de France a 30 millions en écus de plus qu'il ne lui en faudrait pour faire ses affaires; et comme, selon ces Messieurs, les lettres de change suppléent au numéraire dans beaucoup de paiemens, il importe, disent-ils, de leur donner tout le crédit possible, et par tous les moyens possibles, parmi lesquels se trouve, *selon eux*, la contrainte par corps.

Or, d'abord, cette prétendue rareté est, comme je l'ai dit, une chimère surannée, à laquelle aucun homme éclairé ne croit plus, et qu'il croit même inutile de réfuter. Mais quand cette rareté serait réelle à Paris ou dans la France entière, les lettres de change et tous les effets de commerce quelconques portant intérêt, loin de diminuer cette rareté, ne feraient que l'accroître. La demande du numéraire pour les besoins du commerce et de la vie journalière, augmente et diminue non-seulement avec la quantité et l'importance des achats et des paiemens, mais encore avec la facilité et la vitesse avec lesquelles se font les paiemens, ou, en d'autres mots, avec la rapidité plus ou moins grande avec laquelle circule le numéraire écus, ou les billets de caisse qui le représentent. Le même sac de 100 pistoles ou le même billet de caisse de 1000 francs, circulant dix fois par jour, aura fait autant de paiemens qu'un sac ou un billet de caisse de 10,000 francs, qui, dans le même jour, n'aurait circulé qu'une fois. D'après cela on conçoit bien que des billets de caisse puissent remplacer le numéraire, et suppléer à sa rareté, si réellement elle existait; mais des lettres de change, qui sont elles-mêmes une marchandise, dont il faut à chaque transport ou endossement, calculer la valeur qui dépend du taux de l'intérêt et du temps qu'elle a à courir, loin d'accélérer ou de faciliter les paiemens, d'économiser et de remplacer le numéraire dans les paiemens et les échanges, ne peuvent que produire des effets opposés. Et c'est pour de pareilles billevesées qu'on veut assujétir les débiteurs signataires d'une lettre de change, commerçans ou non, à un emprisonnement à vie!! Ce vice de la loi (car l'inhumanité en est un) ne tient-il pas évidemment à l'ignorance des faits?

Quelque parti au reste qu'on adopte sur la contrainte par corps, il importe que le privilége attaché aux lettres de change, qui autrefois pouvait avoir quelque motif plausible, mais qui aujourd'hui n'est plus soutenable aux yeux de la raison, soit aboli, à moins qu'on ne veuille par respect pour un antique préjugé faire dépendre l'emprisonnement à vie d'un homme, non pas de sa qualité de commerçant ou de non commerçant, ou de la nature de la dette qu'il a contractée, mais uniquement de la nature de l'effet qu'on lui a fait souscrire. De là résultent outre les faux que contient chaque lettre de change simulée, telles que le sont presque toutes celles signées par des non commerçans, des abus et des vexations sans nombre, sans aucun bien pour le crédit des effets de commerce; au contraire la quantité de lettres de change simulées que cette disposition étrange introduit dans la circulation, diminue le crédit des lettres de change réelles, qu'il est difficile de distinguer des autres. S. E. Monseigneur le garde des sceaux et M. le conseiller d'état, rapporteur de la commission de la chambre des députés, pour justifier la détention des septuagénaires, disent avec raison que personne ne peut distinguer par la signature, un septuagénaire de celui qui ne l'est pas. Et comment peut-on distinguer par la signature, si la lettre de change est simulée ou non? Il faut donc bien que celui qui escompte ou prend en paiement une traite signée par des noncommerçans, coure les chances de l'événement, savoir, si le tribunal regardera la traite comme simulée ou non. Ne serait-il pas plus simple, plus conforme à la saine raison, de statuer une fois pour toutes, que les non commerçans ne seront pas sujets à la contrainte par corps, quelle que soit que la forme de l'effet qu'ils auront signé? ce parti si conforme à la saine raison, si simple, aurait le mérite inappréciable de mettre en harmonie le texte de la loi sur la contrainte par corps, avec l'esprit de la loi et l'intention avouée du législateur, qui paraissent aujourd'hui diamétralement opposés. Que de procès, que d'injustices cette disposition n'épargnerait-elle pas!

N'oublions pas que tout négociant, tout non commerçant même, qui n'est pas un prêteur à la petite semaine, ou un petit marchand en détail, ne voudra jamais prendre en paiement, ni à plus forte raison escompter, une lettre de change signée par un homme qu'il ne connaît pas, qui n'est pas commerçant, et de plus, connu dans le commerce. C'est toujours sur la connaissance personnelle, ou sur la réputation notoire de probité des signataires d'une traite, ou de l'un d'entre eux, et jamais sur l'idée de pouvoir au besoin exercer la contrainte par corps contre eux, qu'une lettre de change circule. C'est donc se préparer gratuitement bien des tourmens, et favoriser bien inutilement des détentions injustes, que d'attacher une peine aussi rigoureuse que l'emprisonnement à vie, aux lettres de change de préférence aux autres effets négociables.

Ceux qui auront lu les nombreux raisonnemens et preuves de fait qui s'opposent à la contrainte par corps, pour dettes commerciales, demanderont peut-être comment il est possible que tant de membres distingués du conseil d'état, tant de magistrats, tant de négocians enfin, à qui ces raisonnemens et surtout les preuves irrécusables de fait qui se renouvellent tous les jours depuis vingt ans, ne peuvent possiblement être inconnues, persistent néanmoins à vouloir non seulement maintenir cette disposition rigoureuse, mais proposent encore de l'aggraver par une nouvelle loi qui irait même ainsi que nous verrons tout à l'heure, jusqu'à faire exercer à l'aide d'une interprétation arbitraire, un véritable effet retroactif à l'ancienne loi, en assujettissant à la contrainte par corps *à vie*, ceux des débiteurs actuellement détenus, qui, sur la foi de la loi existante, se croyaient libérés par une détention de cinq ans ?

La solution de cette énigme apparente tient à plusieurs circonstances réunies qui remontent au commencement même de la révolution française.

Depuis la fin de la guerre d'Hanovre en 1762, la France avait joui de 30 années de paix continentale non interrompue ; la guerre d'Amérique loin d'avoir porté atteinte à son commerce, lui avait ouvert de nouvelles liaisons, de nouveaux débouchés, et le traité de commerce avec l'Angleterre, si mal à propos calomnié, avait fait prendre au commerce français un essor prodigieux en doublant les échanges entre les deux nations qui auparavant y mettaient, à l'envi l'une de l'autre, des entraves, par leur sotte rivalité et par des prohibitions réciproques de toutes espèce. Depuis la chute du système de Laws, il n'y avait eu ni papier monnaie, ni altération du système monétaire ; les banqueroutes faites aux créanciers de l'état presqu'annuellement, pendant les 20 dernières années du règne de Louis XIV, étaient tombées en désuétude ; et depuis celle du fameux abbé Terray, en 1769, qui a imprimé un tache ineffaçable à sa mémoire, on n'en avait pas même osé proposer une nouvelle, lorsque la révolution arriva. Son premier résultat inévitable par la nature des choses, fut un bouleversement dans toutes les fortunes un peu considérables, qui fut augmenté par la création d'un papier monnaie, et sa dépréciation successive, par l'émigration et ses suites, par le *maximum*, par la guerre générale et l'abandon pour ainsi dire de tout commerce, de toute industrie.

Tous ces bouleversemens dont il est inutile de rechercher ici les causes, ne purent avoir lieu sans que le commerce entier de la France n'en éprouvât à son tour; et lorsque le gouvernement et les législatures successives faisaient banqueroute sur banqueroute à tout le monde, lorsqu'ils confisquaient les propriétés foncières des uns, et enlevaient aux autres, à l'aide des réquisitions, et du *maximum*, leurs marchandises et capitaux mobiliers, remboursant en assignats dépréciés les créances exigibles, et payant de même les arrérages des rentes constituées, Dieu lui-même n'aurait pu empêcher les particuliers, commerçans ou non, de faire banqueroute à leur tour. Ce n'est pas le tout.

A la même époque survinrent la révolte des nègres et les désastres de Saint-Domingue, suivis bientôt de la perte de toutes nos colonies, et de toute notre marine marchande, où les armateurs et commerçans de nos diverses places de commerce maritime, avaient englobé la majeure partie de leurs capitaux. Et comme, d'un autre côté, les réquisitions et le *maximum* leur enlevaient les denrées qu'ils avaient en magasin, les laissant sans ressource pour les remplacer, ils furent obligés de faire banqueroute à leur tour; les plus probes, les plus honnêtes d'entre eux n'en furent pas exempts. Ce ne furent point des banqueroutes dictées par l'immoralité comme les admirateurs *temporis acti* voudraient nous le persuader aujourd'hui; ce furent des faillites forcées, semblables à celles qui furent si fréquentes lors et après la révocation de l'édit de Nantes, pendant la guerre de la succession d'Espagne, et à l'époque du système de Laws, lorsqu'on vit faire non-seulement aux négocians et capitalistes de la capitale, mais à ceux des provinces les plus reculées, les banqueroutes les plus fortes et les plus multipliées, parmi lesquelles il y en eut beaucoup d'aussi scandaleuses au moins que celle qu'on reproche au commerce de ces derniers temps.

Le papier-monnaie et la terreur, ainsi que les confiscations en masse, ayant disparu en 1796, l'on crut d'abord qu'il en serait de même pour les banqueroutes à faire à l'avenir aux créanciers de l'état. Mais le directoire, au 18 fructidor, nous fit voir le contraire en mobilisant ou annihilant les deux tiers de toute la dette publique, et notez bien cela, six mois après que le corps législatif eût rétabli la contrainte par corps, dans la vue, disaient tous les partis, de rétablir la morale dans le commerce des particuliers. Bonaparte signala également son entrée au gouvernement par la banqueroute du 30 ventose, suivie d'une autre de plus d'un milliard, faite *in petto*, par un décret qui n'a pas même été inséré au Bulletin des lois; et, depuis ce temps, jusqu'en 1814, qu'on peut bien appeler l'époque de la restauration du crédit public, il s'est fait d'année en année des banqueroutes partielles, tantôt à une classe de créanciers de l'état, tantôt à l'autre. Nous avons même vu établir, sous le nom de liquidation générale, un comité de banqueroute en permanence, qui a subsisté pendant nombre d'années au scandale de tout ce qu'il y avait d'hommes éclairés et probes. Il paraît à la vérité que le public s'était familiarisé en quelque sorte avec ces banqueroutes partielles et régulières; comment autrement expliquer les nombreux discours prononcés dans la chambre même des députés lors de la session de 1815, tendans à proposer contre la volonté bien prononcée du Roi et de ses ministres, une nouvelle banqueroute de 50 à 60 pour cent à faire à tous les créanciers de l'arriéré, banqueroute que ces Messieurs appelaient légitime, parce que selon eux elle ne tombait que sur les fournisseurs et agioteurs?

Voilà la véritable source des faillites qui ont désolé le commerce de la France depuis vingt-cinq ans, et qui le désolent encore, et qu'on attribue aussi mal-à-propos à l'immoralité des commerçans de cette génération-ci, qu'on prétend y remédier par la contrainte par corps à vie. Que le gouvernement et les chambres poursuivent la route honorable dans laquelle ils sont entrés, en payant ponctuellement et intégralement les créanciers de l'état, et, en renonçant une fois pour toutes, non-seulement aux banqueroutes partielles qui font ou ont fait perdre aux créanciers, depuis 25 jusqu'à 40 pour cent, mais encore aux renvois qui, dans le commerce entre particuliers, portent le nom d'atermoiemens, et les commerçans français reprendront bientôt leur ancienne ponctualité et probité.

Quoi qu'il en soit, et pour revenir à la partie historique de la contrainte par corps, celle-ci ayant été abolie dans le fort de la révolution, par des motifs qui, à la vérité, n'avaient rien de commun avec l'intérêt du commerce, la majorité du corps législatif, tel qu'il existait avant le 18 fructidor, qui, avec raison, détestait les lois et les mesures révolutionnaires, regarda cette abolition de la contrainte par corps, comme étant de ce nombre, et crut qu'elle avait causé les faillites nombreuses qui, comme nous l'avons vu, avaient toute une autre cause. On crut que le vrai moyen de mettre fin à ces faillites, et de rétablir le crédit commercial, était de faire revivre les anciennes lois sur la contrainte par corps, qui avaient été en vigueur pendant le temps où le commerce florissait et où les faillites, quoique pas aussi rares qu'on voudrait le faire accroire, étaient cependant moins fréquentes qu'aujourd'hui. Elle fut rétablie en conséquence; six mois après, elle fut suivie de la banqueroute générale du 18 fructidor, sanctionnée par les lois des 9 vendémiaire et 24 frimaire, qui, à leur tour, engendrèrent des milliers de faillites particulières, sans que la contrainte par corps, exercée avec plus ou moins de rigueur sous le règne de Bonaparte, pût rendre au commerce son ancienne moralité, ni rétablir le crédit commercial. Il est vrai qu'on s'était contenté de mettre les débiteurs commerçans, ou réputés tels, en prison, et de ne les y détenir que pendant cinq ans, en leur allouant une pension alimentaire de 70 centimes par jour. Peut-être aurait-on mieux réussi; peut-être la morale et le crédit commercial auraient-ils bientôt reparu avec leur ancienne splendeur, si on avait mis ces débiteurs récalcitrans au cachot au pain et à l'eau, et cela pour le reste de leurs jours. C'est d'ailleurs une chose si commode pour le législateur et pour l'administration, une chose si peu coûteuse pour le trésor royal; il n'en coûte que l'entretien de quelques prisons, et une loi pénale de plus.

Il faut avouer toutefois, que ce qui a contribué beaucoup à perpétuer l'erreur où sont les partisans de la contrainte par corps, sur sa prétendue nécessité, c'est qu'ils ont toujours considéré les diverses lois relatives à cet objet, isolément, et sans les comparer entre elles, pour voir si elles ne se contrariaient pas dans leurs dispositions principales, de manière à ne pouvoir produire l'effet que le législateur en attendait (1). Beaucoup d'entre eux auraient proba-

---

(1) Cette contradiction entre les nombreuses dispositions des divers Codes de lois, entre les divers titres du même Code, entre les divers chapitres du même titre, entre les divers articles du même chapitre, et assez souvent entre les divers alinéas du même article, est inhérente à la nature même des lois *civiles* écrites, composées d'abstractions tirées du cerveau du législateur, par lesquelles on veut remplacer les jugemens et arrêts, ou ce qu'on appelle en Angleterre les précédens, basés sur des cas qui se sont *réellement* présentés, et dont les résultats seuls peuvent former une jurisprudence certaine, et claire pour tout le monde.

Depuis plus de douze ans ces contradictions et incohérences, toujours renaissantes, font le désespoir de la Cour de cassation, constamment occupée à faire marcher de front, tantôt deux Codes différens, tantôt deux itres du même Code, tantôt deux articles du même titre, et si l'on ne met pas la plus grande précaution à interpréter et à retoucher les lois *civiles*, pour les remplacer par d'autres renfermant au besoin un effet rétroactif donné aux anciennes, ce travail pourra encore durer 12 fois 12 ans, représentant assez bien celui de Pénélope. Voilà pourquoi les Anglais et autres peuples du Nord qui ont eu le bonheur d'échapper au despotisme des lois

blement renoncé à cette punition atroce, qui répugne naturellement à tout homme qui en examine les conséquences, s'ils avaient vu avec nous que le titre des faillites rend en réalité, la contrainte par corps inexécutable envers les commerçans, et qu'en conséquence, elle ne peut être ni un moyen de crédit pour l'emprunteur, ni un moyen de se faire payer par le créancier.

On trouvera peut-être trop dure l'épithète d'*atroce*, appliquée à

---

civiles dictées par les empereurs romains et rédigées par leurs conseillers d'état et procureurs généraux, ont toujours eu une aversion invincible pour les lois écrites *en matière civile*, pour le code Justinien, aussi-bien que pour les statuts de Henri VIII et d'Elisabeth. Selon eux, les usages et les précédens seuls règlent et doivent régler les droits de propriété, les droits civils quelconques des citoyens entre eux, droitsqui nécessairement changent avec les progrès de la civilisation, et qui, par une suite de décisions simples, appliquées à des cas réels, sont saisis par le public et se fixent dans tous les esprits. Chez eux, toute codification, fût-elle sortie du cerveau de Minerve, est regardée comme une mystification, à l'aide de laquelle un législateur, Solon ou Frédéric-le-Grand, Lycurgue ou Napoléon, n'importe, parvient à persuader aux peuples soumis à sa volonté législative, qu'il a, en législation, un don surnaturel, semblable à celui qu'aurait un tailleur qui ferait un habit allant à toutes les tailles, aux enfans aussi-bien qu'aux adultes, devant constamment bien aller au même individu (la société), qu'il reste petit ou qu'il grandisse, qu'il soit gros ou mince, gras ou maigre. Le parlement, convaincu de cette répugnance de la nation pour les statuts, en matière civile, qui s'éloignent de la loi commune ou des précédens, a été de tout temps très-sobre à en proposer de nouveaux. Je doute fort qu'on en trouve vingt dans un siècle, et cependant Blakstone, dans son immortelle préface, qui vaut mieux que ses quatre volumes, se plaint amèrement de la fécondité législative des chambres à cet égard.

la contrainte par corps pour dettes, prolongée pendant cinq ans seulement, et à plus forte raison pendant toute la durée de la vie du débiteur ; je ne le pense pas.

Je suis même persuadé que les magistrats, négocians et jurisconsultes qui proposent sérieusement, et de sang-froid, d'établir la contrainte par corps *à vie* pour une dette de 101 francs, qui ne veulent pas même en exempter les septuagénaires, ne se doutent pas seulement de ce qu'elle est. Si au lieu des mots : *contrainte par corps jusqu'à parfait paiement de la dette*, il y avait dans le projet de loi ce que le détenu y trouve réellement ; savoir : *emprisonnement perpétuel entre quatre murs et sous les verroux du geolier, avec 70 centimes par jour pour toute nourriture et entretien, le tout jusqu'à la mort du débiteur insolvable*, ils y regarderaient à deux fois avant de la proposer ou voter. Pour faire cesser leur illusion, je les engage à lire ici ce que dit M. Benjamin-Constant sur l'emprisonnement en général, dans la seconde partie du premier volume de la collection de ses ouvrages, page 121, *de la détention* (1).

« La détention est, de toutes les peines, celle qui se présente le » plus naturellement à l'esprit.... Les détenus, séparés du reste » des citoyens, sont entourés d'une espèce de nuage qui les dérobe » aux regards, et bientôt à la pitié.

(1) L'auteur, à la vérité, ne parle ici que de la détention des prévenus d'un délit et en vertu du Code pénal ; mais celui qui est détenu pour dettes est aussi bien emprisonné que celui qui l'est pour être contrevenu au Code pénal.

» Il en résulte que la détention est, de toutes les peines, celle » dont l'abus est le plus fréquent et le plus facile. Son apparente » douceur est un danger de plus. Quand vous lisez dans la sentence » d'un tribunal, que tel coupable est condamné à tant d'années » de prison, vous représentez-vous combien de supplices différens » cette condamnation renferme? Non. Vous imaginez simplement » un homme retenu dans une chambre et n'ayant pas la faculté » d'en sortir. Que diriez-vous si la sentence portait : Non-seule- » ment tel homme sera, durant tant d'années, arraché à sa famille, » privé de toutes les jouissances de la vie, et mis hors d'état de » pourvoir à son existence future, qui, par l'interruption qu'il » rencontre, dans sa carrière, de quelque nature qu'elle soit, sera » plus déplorable peut-être quand vous le rendrez à la liberté, » qu'elle ne l'était le premier jour qui a vu commencer sa peine : » mais de plus, il sera soumis à un régime essentiellement arbi- » traire, quelques précautions que les lois aient prises, etc. etc. »

Ici vient le détail d'une foule de vexations et d'actes arbitraires que les détenus peuvent éprouver de la part de ceux qui sont chargés de leur garde, et que j'omets, parce qu'ils ne sont aucunement applicables aux détenus pour dettes à Sainte-Pélagie, qui sont traités avec tous les égards et ménagemens que l'état d'une prison quelconque permet. Mais il n'en est pas moins vrai, qu'ailleurs et sous un autre concierge, plusieurs de ces abus pourraient avoir lieu.

M. Benjamin-Constant continue :

« Tel est néanmoins le sens de ces mots : *tant d'années de* » *prison*. Si l'on se retrace maintenant ce qu'est malheureu- » sement la nature humaine ; si l'on réfléchit à la disposition que

» nous avons tous à abuser du pouvoir le plus restreint; si l'on » songe que le meilleur d'entre nous est changé subitement » quand on lui confie une autorité discrétionnaire, que le seul » frein du despotisme est la publicité, et qu'au sein des prisons » tout se passe plus ou moins dans le secret et dans l'ombre, je » ne connais pas d'imagination qui ne doive s'épouvanter. Il m'est » arrivé quelquefois dans la solitude de me représenter tout à coup » combien, tandis que je jouissais paisiblement de ma liberté, il » y avait, sur la surface du globe, dans les pays civilisés comme » dans les plus barbares, d'hommes condamnés à ce supplice lent » et terrible; et j'étais effrayé de la somme de douleurs qui » semblait se presser autour de moi, et me reprocher mes dis- » tractions et mon impitoyable insouciance. »

Je terminerai ces observations générales sur la contrainte par corps en matière commerciale, par l'examen de la question de droit qui, depuis près de dix ans, a été singulièrement controversée, et au sujet de laquelle il règne encore un étrange discordance entre le texte de la loi de germinal an 6, loi fondamentale sur cette matière, appuyée de la jurisprudence constante des arrêts, et le Code de procédure civile tel que le projet de loi présenté propose de l'interpréter, en donnant, ce qui plus est, à cette interprétation, un effet rétroactif (1).

Depuis 1798, que la contrainte par corps a été rétablie et régularisée par la loi du 15 germinal an 6, jusqu'en 1807, on avait toujours

---

(1) En examinant avec attention les décrets interprétatifs des lois, rendus par Bonaparte sur l'avis du conseil d'état, et sous l'influence toute puissante du procureur général près la Cour de cassation, membre et président de fait de la section de législation, on est effrayé des effets rétroactifs

regardé la durée de la contrainte par corps pour dettes commerciales, comme étant bornée à cinq ans, après lesquels le débiteur détenu était mis en liberté de plein droit, et l'on avait d'autant plus adhéré à ce principe établi par la loi citée, que le Code de commerce qui a paru dans l'intervalle, n'avait pas dit un mot sur la contrainte par corps. Les commentateurs avaient constamment interprété la loi dans ce sens, et les tribunaux inférieurs aussi bien que les cours royales l'avaient confirmé par une jurisprudence constante.

Ce ne fut qu'en 1807, après la publication du Code de procédure civile, qu'il s'éleva des doutes parmi les commentateurs et dans les tribunaux inférieurs, sur le maintien de cette fixation de la durée de la contrainte par corps. Le titre 15 de ce Code, en relatant les diverses causes qui motivent la sortie d'un détenu pour dettes, n'y avait pas fait entrer la détention subie pendant cinq ans, telle qu'elle se trouve textuellement mentionnée dans la loi du 6 germinal. De cette omission qui ne peut être attribuée qu'à un oubli, plusieurs juges et commentateurs avaient mal-à-propos conclu que le législateur avait voulu abroger la limitation de ladite contrainte à cinq ans, et y substituer l'emprisonnement à vie; mais les arrêts des cours royales, dont quelques-uns même ont été confirmés par la cour suprême, ont constamment maintenu le *maximum* de cinq ans, consacré par la loi de germinal an 6, et qu'on devait naturellement regarder comme faisant toujours loi, tant qu'il n'était pas *textuellement abrogé*; car, dans le raisonnement de la vie journalière, les citoyens qui contractent des engagemens sur la foi d'une

---

donnés par interprétation, à des lois pénales aussi bien que civiles, dont dépendent souvent l'état, la fortune et la vie des citoyens. Et ce qu'il y a de remarquable, c'est que dans le doute, c'était généralement l'avis le plus rigoureux pour les individus qui l'emportait.

loi existante, ne supposent jamais qu'elle soit abrogée par le silence d'une autre loi. Ce n'est donc pas sans quelque étonnement qu'on voit, par l'exposé des motifs du nouveau projet de loi, proposer encore pour les lois existantes sur la contrainte par corps, une interprétation qui donnerait un effet rétroactif funeste pour les débiteurs commerçans ou réputés tels, actuellement détenus ou dans le cas de l'être, qui se trouveraient, en vertu de cette interprétation, renfermés pour le reste de leurs jours, tandis qu'ils avaient contracté leur dette sous l'empire d'une loi qui bornait leur détention à cinq ans, et que la jurisprudence des arrêts, jointe à l'opinion des jurisconsultes les plus distingués de la capitale, avait consacrée. Il serait difficile de justifier cette interprétation, qui est en contradiction palpable avec le principe fondamental de toute bonne législation, qui veut que, dans le doute, la loi soit toujours interprétée ou entendue dans le sens le plus favorable à l'accusé ou au détenu. Mais avant d'examiner si l'article du Code de procédure, qui a donné lieu à cette question, est bien interprété ou non; il faut d'abord voir si un article quelconque du Code de procédure civile, *fût-il même positif*, peut-être allégué comme faisant loi contre un article du Code civil, du Code de commerce, ou même d'une loi quelconque qui, au lieu de régler la manière de procéder, aurait réglé ou fixé les droits des citoyens, parmi lesquels le droit à avoir son corps et sa personne hors de prison, occupe sans doute le premier rang? Si surtout on peut, dans ce cas, donner à un article du Code de procédure, une interprétation qui ait, à l'égard de ces mêmes droits, un effet rétroactif? Or, rien n'est plus aisé à démontrer que la négative.

Montesquieu dit : il faut toujours considérer les lois dans leur rapport avec l'objet pour lequel elles sont faites; et le savant auteur du répertoire de jurisprudence, en citant Montesquieu, corrobore, par son autorité, cette doctrine basée sur la saine raison. « Le Code

» civil, dit-il, règle les droits des citoyens, le Code de procédure » ne règle que le mode de procéder pour réclamer ou défendre les » droits (1). » Lorsque donc un article du premier, échappé par erreur au rédacteur, blesserait ou détruirait un de ces droits, il doit être regardé comme non avenu, même pour l'avenir, et à bien plus forte raison pour le passé, en ce qu'il tendrait à enlever par un effet rétroactif à un citoyen un droit acquis, sur la foi duquel il peut avoir pris des engagemens, ou même s'être fait naturaliser français. Si par exemple, il était échappé dans la rédaction du Code de procédure une expression, d'où l'on pourrait inférer que dans le partage d'une succession, le fils aîné doit être avantagé de préférence aux cadets, nul doute que cet article ne ferait jamais autorité contre le texte positif du Code civil. Et qu'on ne dise pas qu'une pareille erreur est une supposition chimérique de ma part; voici un exemple d'une erreur au moins aussi grave, résultante d'une expression échappée aux rédacteurs mêmes du Code civil.

Une interprétation erronée de l'article 121 de l'ordonnance de 1629 (nommé vulgairement le Code Michaud), avait fait adopter par plusieurs parlemens la jurisprudence que les jugemens étrangers, regardés en principe comme nuls et non avenus, quand ils sont rendus contre un français, pouvaient néanmoins être *rendus exécutoires* en France, s'ils avaient été rendus entre deux étrangers, et que, dans ce cas, les tribunaux français n'avaient pas besoin, ne devaient pas même prendre connaissance du fond du jugement, mais simplement s'assurer de sa forme régulière, et qu'il avait acquis force d'autorité jugée, dans lequel cas il suffirait de mettre au bas le *mandamus*, pour le rendre exécutoire *de plano*. Ce n'est pas ici le lieu d'examiner tous les inconvéniens qui résulteraient

(1) Comme il faut être vrai en tout et avant tout, j'avouerai que, dans quelques-unes de ses conclusions, le même jurisconsulte a conclu contre ce principe qu'il avait probablement oublié.

d'une pareille doctrine dans l'état actuel de la civilisation, où les diverses nations ont entre elles des rapports et des contestations nombreuses chaque semaine, et où rien n'est si aisé que d'obtenir par surprise un jugement de condamnation contre un absent; la France, entre autres, perdrait, par l'application inconsidérée de ce prétendu principe, tous les avantages de l'importation des capitaux et de l'industrie des manufacturiers étrangers. Il suffit ici de savoir que, depuis 1629, il y a bientôt deux cents ans, c'était la doctrine généralement reçue en France, et adoptée par les parlemens, ainsi que le prouve M. Merlin, qui cite à l'appui un arrêt du parlement de Paris, rendu sur les conclusions de M. l'avocat général Séguier. Voyez le répertoire de jurisprudence à l'article *jugemens étrangers*; la jurisprudence sur ce point était tellement constante, qu'on ne peut pas trouver dans aucun recueil d'arrêts, un seul arrêt contraire.

Les Cours royales d'aujourd'hui n'ayant plus les mêmes pouvoirs qu'avaient jadis les Parlemens qui, par suite d'une délégation tacite du prince, exerçaient la haute-police et les autres pouvoirs que toutes les constitutions faites depuis 1791, ainsi que la charte, ont sagement réservés au souverain, en renfermant les tribunaux strictement dans leurs fonctions judiciaires, on aurait dû croire que cette doctrine et jurisprudence, absolument contraires aux droits du prince et aux intérêts de la nation, serait regardée comme implicitement abrogée. Elle avait néanmoins continué de prévaloir, parce que les tribunaux, qui assez souvent ne demandent pas mieux que d'étendre leur juridiction, s'appuyaient de l'art. 2123 du Code civil, au titre des hypothèques, ainsi conçu : « L'hypothèque ne peut pareillement résulter des jugemens rendus en » pays étrangers, qu'autant qu'*ils ont été déclarés exécutoires* » *par un tribunal français*, sans préjudice des dispositions con- » traires qui peuvent être dans les lois ou dans les traités. » Il est [illegible]dent que le rédacteur de cet article, qui n'avait en vue que l'hypothèque, qui n'avait rédigé tout le titre que pour cet objet, n'avait pas l'intention d'établir ou de rétablir l'ancienne doctrine sur l'exécution des jugemens étrangers; il n'y songeait pas même. Cependant l'auteur du Répertoire de Jurisprudence, oubliant le principe de Montesquieu, que les lois ne doivent jamais être séparées de l'objet pour lequel elle sont faites, principe qu'il avait si bien établi ailleurs, non-seulement s'est prévalu de cette phrase incidente de l'art. 2123 pour appuyer l'ancienne doctrine; mais à l'article *jugemens étrangers*, il cite des arrêts rendus sur ses conclusions, comme procureur-général de la Cour de cassation, qui l'ont consacrée.

C'est en cet état que les choses étaient restées pendant cent quatre-vingt-dix ans, jusqu'en 1816, lorsque la Cour royale de Paris, deuxième chambre, infirmant un jugement rendu par le tribunal de première instance, entre deux Américains (Parker et Holkar), a renversé pour la première fois l'ancienne jurisprudence par un arrêt qui, conformément aux principes et à la saine doctrine, a déclaré que les jugemens étrangers, entre et contre quelques personnes que ce soit, n'ont aucune force ni autorité en France, et ne peuvent être rendus exécutoires par les tribunaux français, et a renvoyé les parties à se pourvoir devant le tribunal civil du département de la Seine.

Cette cause, que j'ai suivie dans l'intérêt de la partie gagnante, était importante, non-seulement sous le rapport de la question qui est du droit public, mais encore en raison du montant de la condamnation prononcée par le jugement étranger, qui n'était pas moins que de *trois millions*. On en trouvera l'analyse raisonnée dans un écrit que je vais publier incessamment sur l'exécution des jugemens étrangers, considérée dans ses rapports avec les grands intérêts politiques dans l'état actuel des nations Européennes, où je ferai voir en même temps les inconvéniens graves qui peuvent résulter de l'exécution *de plano* des jugemens rendus en Suisse, conformément à l'article des capitulations, qui assimile les Suisses aux Français, quant aux droits civils. En attendant, j'observerai que le rédacteur du Journal du Palais, en rendant un compte, sommaire à la vérité, de l'arrêt ci-dessus, dans le tome I de 1817, page 24 de son journal, l'a entièrement dénaturé en posant la question ainsi : « Le principe d'après lequel les jugemens étrangers ne sont pas exécutoires en France, n'est-il reçu qu'en faveur des Français regnicoles, ou au contraire est-il absolu, et l'étranger *résidant ou ayant des propriétés en France*, peut-il opposer l'exception qui en résulte, à un étranger son compatriote, avec lequel le jugement étranger a été rendu? *résolu affirmativement.* »

Or, l'arrêt dont il s'agit, et qui fera époque dans la jurisprudence française, comme étant le premier qui ait été rendu dans ce sens depuis près de deux siècles, ne dit pas un mot d'où l'on puisse conclure que l'exception ne pouvait être opposée que par un étranger *résidant ou ayant des propriétés en France*, ainsi que cela résulterait de la manière dont M. l'arrêtiste a posé la question. Au contraire, cet arrêt dit expressément dans ses considérans : « Attendu que les jugemens étrangers rendus par les tribunaux étrangers n'ont point d'effet ni d'autorité en France, que cette règle sans doute est applicable plus particulièrement en faveur des régnicoles, auxquels le Roi et ses officiers doivent une protection spéciale; *mais que le principe est absolu et peut être invoqué par toute personne sans distinction*, *étant fondé sur l'indépendance des états*, etc.

L'arrêtiste, tout en citant d'autres détails des plaidoiries, ne parle point de l'argument tiré de l'article 2123 du Code civil, allégué en faveur de l'ancienne doctrine par l'auteur du répertoire de jurisprudence, qui cependant valait bien la peine d'être cité, ayant été discuté des deux côtés. Serait-ce parce que l'auteur se trouve dans une certaine catégorie? Mais si cette théorie gagnait parmi les écrivains, et qu'un nouveau Barrême, se trouvât sur la liste, on ne pourrait plus citer ses comptes faits pour prouver qu'à trois livres la chose, les quatre valent douze francs.

On voit par là qu'une phrase incidente échappée au rédacteur d'un article du *Code civil* ne suffit pas pour autoriser et conclure l'abolition d'un autre article positif *du même Code*, sur une matière étrangère à celle dont le rédacteur du premier article s'occupait. A plus forte raison ne peut-on pas se servir d'une expression semblable échappée au rédacteur du Code de procédure, qui n'a rien de commun avec le Code civil des Français, pour donner, à l'aide d'une interprétation postérieure du Conseil d'état, ou même du Corps législatif, à une loi constante, un effet rétroactif qui prive un citoyen d'un droit acquis antérieurement en vertu du Code civil ou d'une autre loi antérieure, réglant les droits civils des citoyens. Si ces interprétations devenaient malheureusement fréquentes, aucun homme ne serait sûr de conserver une propriété ou un droit quelconque; personne ne pourrait même contracter avec sûreté. Toute la société serait dans un désordre et dans une incertitude continuelle.

Donc, quand même il se serait glissé par erreur un article positif dans le Code de procédure, qui tendrait à enlever à un autre citoyen un droit acquis par une loi antérieure, il ne ferait ni loi ni jurisprudence.

Donc, le droit acquis en vertu d'une loi de 1798, par le débiteur commerçant de ne rester que cinq ans en détention, loi sur la foi de laquelle il a emprunté, ne peut lui être enlevé par l'interprétation qu'on voudrait faire aujourd'hui, en 1818, d'une autre loi tirée du Code de procédure civile publié en 1807. Et il peut l'être d'autant moins que, d'une part, cette interprétation serait contraire à la jurisprudence constante des cours d'appel et des cours royales, depuis 1798 jusqu'à ce jour (car il n'y a que dans les tribunaux inférieurs que cette question a été controversée et encore n'est-ce qu'en dernier lieu); et que d'un autre côté, *dans le doute*, il est de règle que l'ancienne loi qui n'emprisonne que pour cinq ans, doit être censée maintenue de préférence à celle qui sans l'abroger textuellement, donnerait à entendre par induction, que le même débiteur doit être détenu le reste de ses jours.

Voilà ce qu'on pourrait répondre à ceux qui voudraient déduire l'abrogation de la loi de 1798 d'un article positif du Code de procédure civile s'il y en avait un. Mais il n'y a point d'article de cette espèce dans le Code cité; la prétendue abrogation de l'article de la loi de 1798, qui borne la détention pour dettes à cinq ans, n'a d'autre preuve que le *silence* du titre XV du Code de procédure, qui ne cite pas (par oubli sans doute) l'échéance des cinq années, parmi les causes qui doivent procurer la liberté au détenu. C'est, il faut l'avouer, prendre les inductions de bien loin pour parvenir à condamner, à l'aide d'une interprétation posthume, un débiteur de 101 francs à l'emprisonnement pour la vie. Je ne crois pas que ce système puisse être soutenu une minute en l'examinant sans passion et avec sang froid.

Résumé.

La contrainte par corps pour dettes de commerce n'est d'aucune utilité pour se faire payer par un commerçant quand l'effet est échu, parce que dès-lors tout l'actif du débiteur appartient de droit à la masse des créanciers.

Encore moins donne-t-elle du crédit à un effet pendant qu'il circule et avant qu'il soit échu, la crainte seule d'être obligé de recourir à un huissier pour faire un protêt, étant suffisante pour éloigner tout escompteur ou prêteur qui n'est pas littéralement un prêteur à la petite semaine.

Elle est donc sous ce rapport absolument inutile pour le crédit commercial.

Quant aux dettes civiles contractées par des non commerçans, l'intention bien prononcée du législateur est et a toujours été qu'elles ne doivent pas être sujettes à la contrainte par corps, et qu'en général les non commerçans n'y doivent être soumis, à moins qu'ils n'aient signé des lettres de change non-simulées, ou participé à des transactions commerciales, d'où seraient résultés les engagemens qu'ils ont souscrits.

Mais comme il est presqu'impossible de prouver qu'une lettre de change bien libellée et présentée sous une forme régulière, est simulée, ou qu'il n'y a pas eu de transport de place en place, et que tous les prêteurs à la petite semaine qui prêtent à des non commerçans, ont soin de leur faire accepter des lettres de change, il en résulte que la contrainte par corps qui ne devait atteindre que les commerçans, et donner du crédit aux effets de commerce, ne tombe réellement que sur des non commerçans, sans aucun bien pour le crédit du commerce auquel elle ne fait que nuire.

La contrainte par corps enfin, qu'elle soit exercée contre le commerçant ou le non commerçant, est une peine qui n'a aucune proportion avec le prétendu délit commis par celui à qui elle est imposée, et qui, par cela seul, ne serait pas soutenable quand elle pourrait obtenir le but qu'on cherche à atteindre en la proposant. En effet, le débiteur pour ne pouvoir rembourser ce qu'il a emprunté, est plus sévèrement puni par le fait que ne le serait un voleur qui aurait volé la même somme, puisque ce dernier en est quitte pour deux années d'emprisonnement, tandis que le débiteur ordinaire qui a obtenu cette somme volontairement, risque d'être détenu toute sa vie.

Mais nous avons vu que la contrainte par corps n'atteignait pas même le but pour lequel elle avait été instituée. Donc, en s'en tenant à ces faits et aux conséquences qui en dérivent nécessairement, il faudrait abolir de suite la contrainte par corps, et surtout celle pour dettes de commerce.

Mais, lorsqu'il s'agit d'introduire une loi nouvelle ou de modifier essentiellement une loi ancienne, sur une matière intimement liée avec les habitudes, les mœurs et les préjugés de la grande masse de la nation, il faut avant tout considérer l'effet que ce changement brusque pourrait produire sur l'esprit de la multitude. Dans ce cas ci, par exemple, quoique nous ayons démontré jusqu'à l'évidence, par le raisonnement aussi bien que par l'expérience et les faits, que la contrainte par corps ne donne absolument aucun crédit additionnel aux effets de commerce, et qu'elle lui est plutôt nuisible que favorable; il se pourrait néanmoins que son abolition brusque, dans un temps où une grande partie de la population, et surtout celle qui s'occupe du commerce, la regarde mal-à-propos comme la base du crédit commercial, ne lui portât un choc, une secousse plus ou moins nuisible. D'après cela je me bornerai à indiquer les mesures transitoires que voici :

La loi du 15 germinal an 6, regardée jusqu'ici comme fondamentale en matière de contrainte par corps pour dettes, ayant fixé à cinq ans, le *maximum* de la durée de la contrainte par corps pour dettes, il conviendrait de s'y tenir pour toutes les dettes contractées sous l'empire de cette loi, sans faire attention à un oubli échappé aux rédacteurs du Code de procédure civile, qui ne peut en aucune manière changer essentiellement le droit des citoyens, fixés par le Code civil, et surtout dans une matière aussi grave que la contrainte par corps. Cette disposition est d'autant plus nécessaire, qu'elle a déjà été consacrée par de nombreux arrêts qui forment une véritable jurisprudence. Comment, d'ailleurs, justifier une interprétation législative, faite onze ans après que la loi qu'elle concerne, a été rendue, qui, non-seulement dénaturerait sous les engagemens de prêts et d'emprunts, d'achats et de ventes faites à crédit, engagemens contractés sous l'empire de cette loi, mais qui par un effet rétroactif sans exemple, et en lui donnant une interprétation absolument opposée à celle que lui avaient donnée l'opinion publique et les cours de justice, condamnerait à la détention à vie des débiteurs qui ne s'étaient engagés que dans la conviction légale et légitime qu'ils ne seraient jamais détenus au-delà de cinq ans, dont plusieurs mêmes, prêts à sortir en ce moment, ont déjà vu sortir plusieurs de leurs anciens compagnons d'infortune, dont les cinq ans étaient expirés! Cette rétroaction serait contraire à l'équité et à l'humanité à la fois.

Voilà pour le passé. Pour l'avenir, il conviendrait de fixer à deux ans la durée de la contrainte par corps pour dettes; c'est le *maximum* de la punition à laquelle est condamné un voleur coupable d'un délit, tandis que l'emprunt par lui-même (nécessaire dans l'état d'un commerçant), n'est pas un délit, et que l'impuissance de rembourser le prêteur à l'échéance, n'en est pas un non plus. Deux années d'ailleurs de détention, paraissent un terme suffisant, non-seulement pour s'assurer qu'il y a réellement impuissance de payer de la part du débiteur détenu, mais encore pour punir celui qui aurait emprunté légèrement, sans s'assurer des moyens de payer à l'échéance.

Toutes les fois qu'il y a doute sur l'application de la loi, celle-ci doit être interprétée plus sévèrement contre les non commerçans que contre les commerçans, prêteurs et emprunteurs par état.

En aucun cas, l'application de la contrainte par corps ne doit dépendre de la forme ou de la rédaction de l'effet qui contient l'engagement et la somme prêtée, mais uniquement de la qualité notoire des signataires. Si l'on persiste à exempter les non commerçans de la contrainte par corps, ils doivent en être exempts, qu'ils aient signé une lettre de change ou non. Par là, disparaîtront les lettres de change simulées, avec leurs abus, et les procès auxquels elles donnent lieu.

Pour faciliter l'exécution de cette dernière loi, il conviendrait de mieux déterminer ce qui constitue un négociant aux yeux de la loi, et surtout de restreindre la dénomination légale de commerçant à ceux qui, par état, achètent pour revendre, ou qui font leur état du commerce.

Soit qu'on abolisse la contrainte par corps, soit, et à plus forte raison, qu'on juge à propos de la maintenir, il faut de toute nécessité retirer aux présidens des tribunaux de première instance, le funeste pouvoir discrétionnaire d'accorder à un créancier quelconque, qui n'a pas de titre, sur une simple requête non communiquée au débiteur, des permis de former des oppositions mobilières sur les deniers ou revenus appartenant à ce dernier. Les abus qui résultent de l'exercice de ce pouvoir discrétionnaire, sont incalculables. Aucun homme ne peut emprunter ou acheter à crédit, avec sûreté, s'il est exposé à voir à chaque instant, grevés d'oppositions et saisis, ses revenus ou capitaux qu'il a en main tierce, et sur lesquels il comptait pour rembourser partie ou totalité de sa dette.

En vain objecte-t-on que ces permis conservent par fois à un créancier, qui n'a pas de titre suffisant pour former opposition *de plano*, le remboursement de sa créance. Je réponds que, pour une fois que ces permis donnent lieu à un véritable acte conservatoire, ils occasionnent dix vexations insupportables, engendrent des procès sans nombre, rendent morts et indisponibles d'énormes capitaux répandus sur toute la surface de la France, ruinent la plupart du temps le débiteur présumé, et parfois même l'opposant et saisissant, en frais. Souvent les capitaux saisis dans les mains des fermiers ou locataires, s'évanouissent, pendant que le propriétaire est obligé d'emprunter à des intérêts ruineux, pour subsister et subvenir aux frais que coûte le procès en main-levée d'une opposition mal fondée. J'ai vu un homme, en vertu d'un permis de former opposition aux revenus de son prétendu débiteur, séquestrer tous les loyers, fermages et revenus que ce dernier avait dans le département de la Seine, tandis que son adversaire avait grevé d'oppositions tous les revenus que le premier avait dans le département de l'Oise, en vertu d'un pareil permis obtenu du président du tribunal de Senlis, et les deux parties clouer et séquestrer ainsi réciproquement leurs revenus dans deux départemens différens, pendant deux à trois ans qu'a duré le procès en main-levée.

Il y a en général une forte présomption que les neuf dixièmes des oppositions formées sans titre et sur des permis, tantôt obtenus par surprise, tantôt arrachés par une infatigable importunité, sont mal fondées; car si celui qui sollicite et obtient un de ces permis, croyait sa demande un peu fondée, il la ferait bientôt valoir à l'audience, sans surprendre en tapinois le permis de former opposition. Quand on se plaint des abus notoires auxquels ces permis donnent lieu, et que toutes les précautions de M. le président du tribunal ne peuvent empêcher, on vous répond que c'est la faute du magistrat et non pas celle de la loi. Je ne partage point du tout cette opinion; je pense que la loi qui donne à un seul homme, quelque éclairé et respectable qu'il soit d'ailleurs, un pouvoir discrétionnaire aussi dangereux et étendu, est coupable de toutes les vexations, de toutes les injustices qui en résultent. Ces vexations, absolument gratuites, n'auraient pas lieu si les législateurs et les magistrats se pénétraient bien du principe fondamental de toute bonne législation, savoir que les lois et procédures civiles doivent être générales, et faites dans l'intérêt de tous, tandis que les lois pénales sont faites contre l'intérêt particulier d'un petit nombre d'individus.

Dans toutes les hypothèses, encore, soit qu'on maintienne la contrainte par corps telle qu'elle existe, soit qu'on la modifie, il paraît indispensable, sous le rapport de l'humanité et de la justice distributive, et dans les intérêts bien entendus du commerce, de fixer une somme plus élevée que celle que les tribunaux de commerce ont adoptée pour *minimum* de la dette passible de la contrainte par corps. Le *minimum* a bien été fixé par le Code civil à 300 francs pour le petit nombre de dettes civiles qui se trouvent soumises à la contrainte par corps, à raison des circonstances aggravantes dont elles sont accompagnées. Mais le Code de commerce, n'ayant rien statué à cet égard, et l'article 2070 du Code civil ayant expressément déclaré ne vouloir rien déroger aux lois particulières qui autorisent la contrainte par corps en matière de commerce, les divers tribunaux de commerce paraissent avoir adopté, de leur propre mouvement, un *minimum* plus ou moins bas que l'usage a érigé en loi. A Paris, le *minimum* est de 100 fr.; ailleurs il est de 50 fr. : il y a des tribunaux de commerce dans les départemens, qui la décernent pour toute somme quelque mince qu'elle soit, si le créancier veut payer les frais. Comme il répugne au bon sens de [illegible] se laisse emprisonner et détenir pendant une année seulement pour une somme aussi chétive, s'il était en état de la payer, et que, d'un autre côté, le créancier fasse des frais aussi disproportionnés à la somme à recouvrer, s'il s'agissait simplement d'un intérêt pécuniaire, il est présumable que la plupart de ces incarcérations et détentions prolongées ont moins pour but de se faire payer que de satisfaire une animosité particulière du créancier contre le débiteur, fondée souvent sur une différence d'opinion politique. Certes, on ne soutiendra pas que cet emprisonnement soit favorable au crédit commercial.

Mais en laissant même de côté l'équité, l'humanité et la disproportion absolue entre le délit (qui la plupart du temps n'en est pas un), et la peine, l'intérêt bien entendu du commerce exigerait que les petites sommes souscrites par des emprunteurs, en faveur de prêteurs de profession et qui n'ont rien de commun avec les véritables effets du commerce, loin d'être favorisés par la contrainte par corps, fussent éloignés de la circulation des effets commerciaux qu'elles ne font que discréditer? Il faut cent de ces prétendues lettres de change pour faire ensemble 10,000 francs; tandis que les frais d'avoués, d'huissiers et de gardes du commerce qu'exige l'incarcération d'un seul signataire, s'élèvent à cent écus. Et que fait le crédit de tous ces chiffons au vrai commerce de Paris, qui ne connaît pas un seul signataire? Allouer la contrainte par corps, en faveur de ces prêts à la petite semaine, parceque l'engagement paraît sous la forme d'une lettre de change *qui est un véritable faux*, n'est-ce pas vouloir former sous main une pépinière de prêteurs et d'emprunteurs également nuisibles à la société, dont les uns gagnent et les autres dépensent d'une manière également improductive, et qui tous entretiennent à leur tour une nuée d'huissiers et de recors également improductifs?

Je terminerai cette discussion par un extrait de l'esprit du code de commerce publié par M. Locré, contenant l'historique du *minimum* dont il s'agit, et qui nous donnera en même temps la vraie raison pour laquelle les tribunaux de commerce ont [illegible] dans l'application de la contrainte par corps aux petits effets de commerce, et aux petits commerçans; car encore une fois c'est un phénomène lorsqu'elle atteint un commerçant qui a, je voulais dire, qui doit cent mille écus; il se tire toujours d'affaire par un concordat, ou sans concordat (1).

Avant la rédaction définitive du code de commerce le gouvernement l'avait communiqué aux cours d'appel aussi bien qu'aux tribunaux de commerce, pour avoir leurs avis sur ses principales dispositions et entre autres sur la fixation du mi-

(1) On connaît l'ancien adage, on ne pend pas un homme qui a cent mille écus.

nimum de la somme nécessaire pour entraîner la contrainte par corps. Les cours d'appel proposèrent toutes un *minimum* plus ou moins élevé, et voici ce que disait entre autres celle d'Orléans, en proposant de le fixer à 1000 francs. « L'article » 16 du titre 8 du projet de code civil n'admet pas la saisie » réelle pour moins de 200 francs; donc si l'on autorisait la con- » trainte par corps pour 100 francs, ne serait-ce pas supposer » aux législateurs moins de respect pour la liberté des personnes » que pour la propriété des biens? Cependant combien celle- » là n'est-elle pas plus précieuse que celle-ci? Combien ne sont » pas plus grands les inconvéniens qui résultent de l'emprison- » nement d'un malheureux père de famille, que ceux que peut » causer la saisie réelle de biens fonds? Les premiers sont tels » que peut-être il conviendrait de n'autoriser la contrainte par » corps, que pour une somme au-dessus de mille francs. D'un » côté, toute somme inférieure à celle-ci peut passer pour mo- » dique, et c'est le motif du pouvoir attribué aux tribunaux de » première instance et de commerce, de juger en dernier ressort » jusqu'à 1000 fr. De l'autre côté il est en quelque sorte contradic- » toire que la loi autorise l'appel de toute condamnation qui » excède 1000 francs, et *qu'elle ne le permette pas de toutes* » *celles qui portent atteinte à la liberté personnelle*, ce bien » vraiment inappréciable. La mesure proposée ferait disparaître » cette contradiction, qui est au moins une disparate choquante, » et ne ferait aucun tort au commerce; car il est difficile de croire » que l'humanité permette à personne de priver qui que ce soit » de sa liberté, pour une somme modique, qui serait bientôt » consommée par les frais d'emprisonnement, et le coût de la » nourriture, que le créancier est obligé d'avancer sans répétition. »

Presque toutes les Cours d'appel se rapprochaient de cette opinion. Les tribunaux de commerce des grandes villes proposaient des sommes bien moindres, et étaient généralement beaucoup plus sévères envers les débiteurs, et cela ne doit pas surprendre. Les juges qui composent ces tribunaux, étant généralement choisis parmi les négocians les plus aisés, les plus accrédités de la ville, sont tous gens qui croient ne jamais pouvoir se trouver dans le cas de manquer à leurs engagemens, et dans le cas où contre toute attente cela leur arriverait, ils sont persuadés d'avance qu'une composition à l'amiable avec leurs créanciers les tirera d'affaire, sans qu'ils aient même besoin d'entrer en prison. Ce sont comme l'on voit des créanciers perpétuels faisant des lois pour contraindre leurs débiteurs actuels et futurs à les payer; ces lois doivent donc être dures et sévères.

Mais rien n'est comparable aux avis des tribunaux de commerce disséminés dans les petites villes de province, telles que Pézenas, Brioude, Tinchebray, etc., dont les noms sont à peine connus dans le dictionnaire de la géographie commerçante de la France. « La » majeure partie, disaient-ils, des affaires portées devant les tri» bunaux de commerce des départemens, ne vont pas à 100 francs. » C'est particulièrement dans la classe *nombreuse* de ceux qui n'ont » ni assez de fonds, ni *assez de crédit* pour faire des affaires con» sidérables, qu'*on rencontre le plus de mauvaise foi: il faut que* » *la loi puisse atteindre les petits détaillans*. Dans les villes qui » ne renferment pas une population considérable, le commerce se » fait parmi les hommes laborieux et peu aisés. C'est à la personne » qu'on prête, dit la commission, toute la force du crédit est donc » la sévérité des lois; lorsqu'elle protège le créancier elle est tou» jours à l'avantage du débiteur. Il faut aussi savoir se défendre » d'une fausse pitié, car on verrait bientôt les marchands ne faire » aucun crédit pour une valeur au-dessous de cent francs, et la » classe la plus malheureuse, la plus pauvre, se trouverait seule la » victime de la loi. Cependant comme l'on ne saurait compromettre » la liberté d'un homme pour une somme modique, la contrainte » par corps ne devrait être ordonnée que pour 25 francs. »

Comme ce n'est pas mon usage de tronquer une citation quelconque, j'ai copié toutes les raisons bonnes et mauvaises en faveur de la contrainte par corps pour dettes commerciales, qui est ici présentée sous les couleurs les plus favorables, sauf à relever les sophismes que contient cette diatribe contre les petits marchands détaillans que MM. les négocians matadors de Tinchebray, etc., nous présentent d'abord comme des fripons en masse, et que cependant ils proposent immédiatement après d'obliger malgré eux, en leur appliquant la contrainte par corps pour une dette de 25 fr.

D'abord, c'est bien à la personne qu'on prête dans le commerce, mais non sur le corps de la personne, ce qui est très-différent. Les commerçans en général et ceux de Brioude et de Tinchebray, comme ceux de Paris, prêtent exclusivement à la personne, c'est-à-dire, au marchand un tel, détaillant ou marchand en gros, n'importe, qu'ils connaissent personnellement, ou par réputation pour être honnête homme, intelligent et prudent, remplissant ponctuellement ses engagemens. Mais sur son corps, qui débuterait par leur coûter cent francs et plus pour le coffrer, et puis qu'ils [illegible] le plus gros comme le plus petit commerçant, membre du tribunal de commerce de Brioude ou de Tinchebray, ne prêterait pas dix écus en argent, pas plus qu'il ne lui fournirait un baril d'eau-de-vie, ou une pièce de drap à crédit. Toutes ces exclamations sur la situation pénible où se trouveraient ces malheureux détaillans faute de crédit, si la contrainte par corps pour de petites dettes de 25 francs était abolie, ne disent donc encore rien; ceux qui les font, posent en fait, ce qui est précisément la question, ou plutôt ce dont le contraire est prouvé par le raisonnement et l'expérience. Au fond, ils n'y croient pas eux-mêmes, mais sachant que tout en y étant soumis par la loi, ils ne subiront jamais la contrainte par corps, ayant toujours le concordat pour refuge, que ces matadors dans leur municipalité sont toujours sûrs de faire avec leurs collègues, mais que les petits détaillans obtiennent rarement, ils la demandent à cor et à cri contre ces derniers qu'ils regardent comme leurs inférieurs, et que par esprit de corporation et de routine ils aiment tenir dans leur dépendance. C'est exactement le même esprit que celui des corporations des maîtres-ouvriers qui demandent le rétablissement des maîtrises sous le prétexte que c'est le seul moyen de fournir aux consommateurs, des marchandises et ouvrages de bonne qualité et à bas prix.

Comment d'ailleurs font les petits détaillans en Angleterre, ce pays classique du commerce, qu'on ne peut trop citer quand il s'agit de lois et d'usages favorables au crédit commercial, et que les partisans de la contrainte par corps ne cessent d'invoquer à tort et à travers (1) pour défendre leur système, sans se douter que depuis long-temps elle n'y existe plus pour les commerçans; ce pays où le crédit commercial et le bas intérêt de l'argent sont en quelque sorte indigènes? Là, dans le plus petit bourg comme à Londres, un créancier quelconque ne peut emprisonner son débiteur, à moins qu'il n'ait prêté serment que sa créance parfaitement liquide s'élève à 15 liv. sterling ou 360 francs. Encore le débiteur a-t-il, après quarante jours de détention, le droit de demander son élargissement à la cour des débiteurs insolvables, cour de justice expressément instituée pour cela, et qui l'accorde, malgré l'opposition du créancier, toutes les fois qu'il n'y a pas une présomption grave de fraude ou de mauvaise volonté de la part du débiteur. Celui-ci,

---

(1) *Voy.* les discussions qui eurent lieu au conseil des cinq-cents en l'an 5, lorsque la contrainte par corps fut rétablie. C'est à elle que ses partisans attribuaient l'état florissant du commerce en Angleterre. La voilà rétablie chez nous, et cela depuis vingt ans; le commerce français en est-il devenu plus florissant? Le taux de l'intérêt en est-il plus bas? Les capitaux en sont-ils plus abondans? Ce remède proposé alors avec chaleur, ne ressemblait-il pas à un cautère sur une jambe de bois?

d'ailleurs, s'il est commerçant, a encore en sa faveur le statut de banqueroute dont j'ai parlé plus haut. Cependant il ne manque pas de marchands détaillans en Angleterre.

Mais en supposant même que les commerçans aient raison, et que la contrainte par corps favorise réellement le commerce de détail, je demanderai quels sont les avantages que le public retire de ces petits crédits accordés aux petits détaillans dans les bourgs et villages? de voir s'établir dans le plus petit endroit une foule de cabaretiers et de petits épiciers, les uns à côté des autres, qui n'ayant que de petits capitaux, ou étant obligés de payer fort cher le peu de crédit que les marchands en gros leur font en marchandises, sont forcés de prendre des profits exhorbitans sur leur débit, afin de compenser par là la modicité de leur capital.

On voit par là combien on doit être sur ses gardes en consultant les tribunaux de commerce, et surtout ceux des petites villes de département, sur l'application de la contrainte par corps. Outre l'esprit de corporation et de routine qui les domine, comme les juges sont tous tirés de la classe la plus aisée, qui croient, et avec raison, ne jamais éprouver les inconvéniens de cette peine, quand même ils l'auraient encourue d'après la loi, ils doivent la décerner avec la plus grande facilité; ce sont des juges qui conseillent dans ce qu'ils croient être leur propre cause. Autant vaudrait consulter les avoués et huissiers sur les moyens de diminuer les frais de procédures et de saisies.

De la cession des biens.

Il me reste à répondre à un argument par lequel les partisans de la contrainte par corps *à vie* croient pouvoir repousser victorieusement toutes les objections que les amis de l'humanité, de l'équité et de la justice distributive ne cessent de faire contre cette disposition terrible. Le débiteur de bonne foi, dit-on, n'a qu'à abandonner ce qu'il a, et la contrainte par corps cessera à son égard;

le bénéfice de cession ne saurait lui être refusé. En entendant pour la première fois cet argument, il me parut en effet sans réplique; seulement je ne pouvais possiblement m'expliquer comment des centaines de débiteurs détenus sur toute la surface de la France pouvaient se résoudre à rester des années en prison, lorsqu'ils avaient sous la main un moyen aussi simple d'en sortir?

Mais en examinant de plus près la théorie et la pratique de ce prétendu bénéfice de cession, c'est-à-dire, d'une part, la loi, et d'un autre côté, l'application qu'en font les tribunaux de commerce, je me suis convaincu que dans quatre-vingt-dix-neuf cas sur cent, ce bénéfice était absolument illusoire; et en effet, s'il ne l'était pas, comment les débiteurs n'en profiteraient-ils point? Voici ce qui existe et ce qui se passe en réalité et en fait à ce sujet.

D'après l'art. 575 du Code de commerce, les étrangers, les stellionataires, les banqueroutiers frauduleux, les condamnés pour vol ou escroquerie, les étrangers, les tuteurs, administrateurs ou dépositaires, sont seuls exceptés du bénéfice de cession, et cette disposition est textuellement répétée dans l'article 905 du Code de procédure civile. Il est donc évident qu'en s'en tenant à la loi, tous les autres débiteurs commerçans détenus devraient être admis, de droit, au bénéfice de cession, et pouvoir en profiter. (Je dis les débiteurs commerçans ou pour fait de commerce; car d'après la loi, encore, il ne devrait y avoir de détenus pour dettes simples que ceux-là, la contrainte par corps ne pouvant être décernée pour dettes civiles et contre les non commerçans). Mais autre chose est le texte de la loi, et autre chose l'application qui s'en fait par les tribunaux de commerce, seuls juges en cette matière, et qui ont tous leurs usages, auxquels le Code civil même dit itérativement, dans plus d'un article, qu'il n'est pas dérogé.

D'après l'art. 569 du Code de commerce, « le failli *qui sera » dans le cas de réclamer la cession judiciaire*, sera tenu de for» mer sa demande au tribunal de commerce, qui se fera remettre

» les titres nécessaires; elle sera insérée dans les papiers publics, » comme il est dit à l'art. 683 du Code de procédure civile ». En consultant maintenant ce code, qui prescrit aux faillis les formalités à suivre pour pouvoir faire leur demande, et qui consistent en assignations signifiées à tous les créanciers, en placards affichés à divers endroits, etc., on voit qu'en mettant au plus bas les frais d'avoués, d'huissiers, d'impression, etc., le moindre jugement coûte plus de cent écus; et si le créancier laisse prendre un jugement par défaut, il en coûte au débiteur détenu le double de cette somme.

Il est inutile de mettre ici le calcul détaillé de ces frais; le premier avoué, ou même un huissier un peu instruit prouvera, le tarif à la main, que cette évaluation est plutôt au-dessous de la réalité qu'elle ne l'excède; or pour les neuf dixièmes des détenus, cette somme excède non-seulement tout ce qu'ils ont au monde, mais la totalité même de ce que chacun doit. Car, il ne faut jamais perdre vue que ce ne sont guère que les débiteurs de petites sommes qui se trouvent détenus pour dettes (1); cela est vrai même pour la capitale, et à bien plus forte raison pour les départemens, où les tribunaux de commerce prononcent la contrainte par corps pour dettes au-dessous de cent francs. Donc, les demandes pour être admis au bénéfice de cession, doivent être infiniment rares, parce que les neuf dixièmes des débiteurs n'ont pas le moyen de faire les avances nécessaires; et le bon sens même dit à tout homme non prévenu que cela doit être ainsi, car autrement ils ne languiraient pas en prison.

Mais quand même dans le nombre il s'en trouverait quelques-

(1) On a vu plus haut (et ce qui se passe en ce moment même à Paris, au Havre, etc. etc., le prouve) que les commerçans débiteurs de fortes sommes, non-seulement ne sont pas détenus, mais ne sont pas même incarcérés, parce qu'ils parviennent à s'arranger avec leurs créanciers à qui ces arrangemens sont toujours plus profitables que la détention du corps de leur débiteur.

tins qui puissent faire ces avances, l'expérience prouve que, dans les départemens surtout, les tribunaux de commerce qui croient, comme un article de foi, que la contrainte par corps est essentielle à la prospérité du commerce, rejettent la plupart de ces demandes, que, d'après la loi, ils devraient accueillir de droit toutes les fois que le débiteur failli n'est pas renvoyé devant les tribunaux comme prévenu de banqueroute simple ou frauduleuse. Voici les motifs dont ils s'appuient :

D'après l'art. 1268 du Code civil, tout débiteur de bonne foi doit être admis au bénéfice de cession ; donc tout débiteur de mauvaise foi en est exclus ; et cela est juste.

Mais ici s'élève la question, qui des deux sera tenu de prouver le fait en question? Le créancier qui retient le débiteur en prison, sera-t-il tenu de prouver la mauvaise foi du détenu, ou celui-ci sera-t-il tenu de fournir la preuve de sa bonne foi? En ne consultant que le gros bon sens, ce serait au créancier à prouver la mauvaise foi du débiteur, d'après l'antique adage : *Actori incumbit onus probandi*; d'ailleurs, comment le débiteur peut-il prouver sa bonne foi, ou, ce qui revient au même, prouver qu'il n'y a pas de mauvaise foi de sa part? Ne serait-ce pas exiger de lui la preuve d'un fait négatif? Cependant, qui le croirait? l'ancienne Cour d'appel de Liége, par un arrêt rendu le 17 janvier 1809, a décidé que c'était au débiteur, qui demandait à être admis au bénéfice de cession, à établir sa bonne foi, les créanciers qui s'y opposent n'étant pas tenus de prouver qu'il y a mauvaise foi. J'ai entendu dans un plaidoyer justifier cet étrange prononcé par un autre adage de droit : *onus cui beneficium*; mais ce serait abuser de la patience des lecteurs que de s'amuser à leur démontrer qu'il n'était pas applicable à la question. En attendant, c'est cet arrêt, rendu par une Cour aujourd'hui étrangère à la France, le premier et le dernier qui ait été rendu sur cette matière grave, qui a fait adopter à tous les tribunaux de commerce, ennemis nés de toute libération d'un débiteur commerçant qui n'a pas payé intégralement ce qu'il doit ; la doctrine subversive de tous les principes d'équité, qui met le débiteur détenu dans une espèce d'impossibilité de profiter du bénéfice de cession que la loi lui offre.

Pour corroborer tout ce que j'ai avancé dans cet écrit sur l'absolue inefficacité de la contrainte par corps, pour se faire payer un effet de commerce par un négociant failli, je vais transcrire ici les principaux articles du titre des faillites, relatifs à cette matière.

TITRE Ier.

De la faillite.

CHAPITRE Ier. — *De l'ouverture de la faillite.*

« Art. 440. Tout failli sera tenu, dans les trois jours de la cessation des paiemens, d'en faire la déclaration au greffe du tribunal de commerce ; le jour où il aura cessé ses paiemens sera compris dans ces trois jours.

» En cas de faillite d'une société en nom collectif, la déclaration du failli contiendra le nom et le domicile de chacun des associés solidaires.

» Art. 441. L'ouverture de la faillite est déclarée par le tribunal de commerce ; son époque est fixée, soit par la retraite du débiteur, soit par la clôture de ses magasins, soit par la date de tous actes constatant le refus d'acquitter ou de payer des engagemens de commerce.

» Tous les actes ci-dessus mentionnés ne constateront néanmoins l'ouverture de la faillite que lorsqu'il y aura cessation de paiement ou déclaration du failli.

» Art. 442. Le failli, à compter du jour de la faillite, est dessaisi de plein droit de l'administration de tous ses biens. »

Ici il convient d'ajouter l'article suivant :

« Art. 587. Pourra être poursuivi comme banqueroutier simple, » et être déclaré tel, le failli qui n'aura pas fait au greffe la décla- » ration prescrite par l'article 440.

» Celui qui présentera des livres irrégulièrement tenus, sans » néanmoins que les irrégularités indiquent de la fraude, ou qui » ne les présentera pas tous, etc., etc. »

CHAPITRE II. — *De l'apposition des scellés.*

« Art. 445. Dès que le tribunal aura connaissance de la faillite, » il ordonnera l'apposition des scellés. *Art.* 451. Les scellés seront » apposés sur les magasins comptoirs, caisses, porte-feuilles, livres » et registres, meubles et effets du failli. »

CHAPITRE III. — *Nomination des agens de la faillite.*

« Art. 454. Le tribunal ordonnera en même temps, ou *le dépôt* » de la personne du failli dans la maison d'arrêt pour dettes, » ou la garde de sa personne par un officier de police ou de justice, » ou par un gendarme. *Il ne pourra en cet état être reçu contre le* » *failli, d'écrou ou recommandation, en vertu d'aucun juge-* » *ment du tribunal de commerce.* »

(A quoi sert, d'après cela, la contrainte par corps au porteur d'une lettre de change, ponr se faire payer ?)

N. B. La personne du failli ne sera pas mise en arrestation, où il pourrait être retenu par un créancier, mais seulement *en dépôt*, afin que le tribunal puisse le faire sortir avec un sauf-conduit.

» Art. 467. A défaut par le commissaire de proposer un sauf- » conduit pour le failli, ce dernier pourra présenter sa demande » au tribunal de commerce, qui statuera après avoir entendu le » commissaire.

» Art. 468. Si le failli a obtenu un sauf-conduit (1), les agens » l'appelleront auprès d'eux pour clore et arrêter les livres en sa » présence. »

CHAPITRE IV. — *Fonctions préalables des agens, et premières dispositions à l'égard du failli.*

« Art. 464. Les agens feront retirer et vendre les denrées et » marchandises dépérissables ; celles non dépérissables ne pour» ront être vendues que d'après la permission du tribunal de » commerce, et sur le rapport du commissaire.

» Art. 465. Toutes les sommes reçues par les agens seront ver» sées dans une caisse à deux clefs, etc.

» Art. 466. Après l'apposition des scellés, le commissaire ren» dra compte au tribunal de l'état apparent des affaires du failli, » et pourra proposer, ou sa mise en liberté pure et simple, avec » un sauf-conduit provisoire de sa personne, ou sa mise en liberté » avec sauf-conduit, en fournissant caution de se représenter, » sous peine de paiement d'une somme que le tribunal arbitrera, » et qui tournera, le cas advenant, au profit des créanciers.

CHAPITRE VII. — *Opérations des syndics provisoires.*

SECTION II. — *De la vente des marchandises et meubles, et des recouvremens.*

« Art. 491. L'inventaire terminé, les marchandises, l'argent, » les titres actifs, meubles et effets du débiteur seront remis aux » syndics qui s'en chargeront au prix de l'inventaire.

» Art. 492. Les syndics pourront aussi, sous l'autorisation du » commissaire, procéder à la vente de ces effets et marchandises,

---

(1) Ce qui ne se refuse jamais, à moins de prévention de banqueroute.

» soit par la voie des enchères publiques, soit par les courtiers à » la bourse, soit à l'amiable, à leur choix.

» Art. 493. Si le failli a obtenu un sauf-conduit, les syndics » pourront l'employer pour faciliter et éclairer leur gestion, ils » fixeront les conditions de son travail.

» Art. 494. A compter de l'entrée en fonctions des agens, et » ensuite des syndics, toute action civile intentée avant la faillite, » contre la personne et les biens mobiliers du failli, par un créan- » cier privé, ne pourra être suivie que contre les agens et syn- » dics, et toute action qui sera intentée après la faillite, ne pourra » l'être que contre les agens et syndics.

(Comment, encore une fois, fera le porteur d'une lettre de change pour la faire payer, autrement qu'au marc la livre ?)

» Art. 496. Les deniers provenant des ventes et des recouvre- » mens seront versés, sous la déduction des dépenses et frais, » dans une caisse à double serrure. L'une des clefs sera remise au » plus âgé des agens ou syndics, et l'autre à celui d'entre les » créanciers que le commissaire aura proposé à cet effet (1). »

SECTION III. — *Des actes conservatoires.*

« Art. 499. A compter de leur entrée en fonctions, les agens, » et ensuite les syndics, seront tenus de faire tous actes pour la » conservation des droits du failli sur ses débiteurs. Ils seront aussi » tenus de requérir l'inscription aux hypothèques sur les immeu- » bles des débiteurs du failli. L'inscription sera reçue au nom des » agens et des syndics.

» Art. 500. Ils seront tenus de prendre inscription, au nom » de la masse des créanciers, sur les immeubles du failli dont ils » connaîtront l'existence. »

(1) Mais aucune clef ne sera remise au porteur particulier d'une lettre

CHAPITRE VIII. — *Des syndics définitifs.*

SECTION II. — *De l'assemblée des créanciers et du concordat.*

« Art. 519. Le concordat ne s'établira que par le concours d'un » nombre de créanciers formant la majorité, et représentant, en » outre, par leurs titres de créances vérifiés, les trois quarts de la » totalité des sommes dues.

» Art. 522. Le concordat, s'il est consenti, sera signé séance » tenante ; si la majorité des créanciers présens consent au » concordat, mais ne forme pas les trois quarts de la somme, » la délibération sera remise à huitaine pour tout délai.

» Art. 523. Les créanciers opposans au concordat seront tenus de » faire signifier leurs oppositions aux syndics et au failli, dans la » huitaine pour tout délai.

» Art. 524. Le traité sera homologué dans la huitaine du juge» ment sur les oppositions ; *l'homologation le rendra obliga» toire pour tous les créanciers*, et conservera l'hypothèque à » chacun d'eux sur les immeubles du failli.

» Art. 525. L'homologation étant signifiée aux syndics provi» soires, ceux-ci rendront leur compte définitif *au failli*, en pré» sence du commissaire ; ce compte sera débattu et arrêté. En » cas de contestation, le tribunal de commerce prononcera ; les » syndics remettront ensuite au failli l'universalité de ses biens, » ses livres, papiers et effets. Le failli donnera décharge ; les fonc» tions du commissaire cesseront.

» Art. 526. Le tribunal de commerce pourra, pour cause d'in» conduite ou de fraude, refuser l'homologation du concordat, » et, dans ce cas, le failli sera en prévention de banqueroute, et » renvoyé de droit devant le magistrat de sûreté qui poursuivra

» d'office. S'il accorde l'homologation, le tribunal déclarera le » failli excusable, et susceptible d'être réhabilité aux conditions » ci-après. »

SECTION II. — *De l'union des Créanciers.*

« Art. 527. S'il n'intervient point de traité, les créanciers » assemblés formeront, à la majorité individuelle des créanciers » présens, un contrat d'union; il nommeront un ou plusieurs » syndics définitifs, et un caissier chargé de recevoir les sommes » provenant de toute espèce de recouvremens.

» Art. 528. Les syndics représenteront la masse des créanciers, » ils procéderont à la vérification du bilan s'il y a lieu. Ils pour- » suivront la vente des immeubles du failli, celle de ses marchan- » dises et effets mobiliers, et la liquidation des dettes actives et » passives.

» Art. 529. Dans tous les cas il sera remis au failli et à sa » famille, les vêtemens, hardes et meubles nécessaires à l'usage de » leurs personnes.

(Si le débiteur n'était pas commerçant, et ne pouvait ainsi profiter du bénéfice de la loi des faillites, le porteur de la lettre de change, au lieu de laisser au failli et à sa famille, les vêtemens, hardes et meubles nécessaires à leur usage, pourrait saisir et faire vendre les vêtemens dont ils ne sont pas converts.)

» Art. 529. S'il n'existe pas de présomption de banqueroute, » *le failli aura le droit de demander à titre de secours, une* » *somme sur ses biens; les syndics en proposeront la quotité, et* » *le tribunal la fixera en proportion des besoins et de l'étendue* » *de la famille du failli, de sa bonne foi et du plus ou moins* » *de perte qu'il fera supporter à ses créanciers* »

(Si le débiteur signataire d'une lettre de change, au lieu d'être commerçant, était avocat, la quotité de secours à lui donner, serait toute fixée ; le porteur de la traite consignerait 23 fr. par mois, ou 70 cent. par jour.)

CHAPITRE X. — *De la répartition entre les créanciers et de la liquidation du mobilier.*

Art. 558. « Le montant de l'actif mobilier du failli, distrac-
» tion faite des frais et dépense de l'administration de la faillite,
» du secours accordé au failli, et des sommes payées au privilé-
» giés, sera réparti entre tous ses créanciers, au marc le franc de
» leurs créances vérifiées

» Art. 564. Les syndics de l'union procéderont à la vente des
» immeubles, suivant les formes prescrites pour la vente des biens
» des mineurs.

TITRE II.

De la cession des biens.

Art. 566. « La cession des biens par le failli est volontaire ou
» judiciaire.

» Art. 567. Les effets de la cession volontaire se déterminent
» par les conventions entre le failli et les créanciers.

« Art. 568. La cession judiciaire n'éteint point l'action des
» créanciers sur les biens que le failli peut acquérir par la suite :
» *elle n'a d'autre effet que de soustraire le débiteur à la con-*
» *trainte par corps.*

(A quoi sert alors au porteur de la lettre de change la contrainte par corps qui y est attachée ?)

» Art. 569. Le failli qui sera dans le cas de réclamer la cession
» judiciaire, formera sa demande au tribunal ; elle sera insérée
» dans les papiers publics.

» Art. 570. La demande ne suspendra l'effet d'aucune pour-

» suite, sauf au tribunal à ordonner, parties appelées, qu'il » y sera sursis provisoirement.

» Art. 571. Le failli admis au bénéfice de cession sera tenu de » faire ou de réitérer sa cession en personne, ses créanciers appelés » à l'audience, etc.

» Art. 572. Si le débiteur est détenu, le jugement qui l'ad- » mettra au bénéfice de cession, ordonnera son extraction avec » les précautions d'usage.

» Art. 574. En exécution du jugement qui admettra le débiteur » au bénéfice de cession, les créanciers pourront faire vendre les » biens meubles et immeubles du débiteur, et il sera procédé à » cette vente dans les formes prescrites, etc.

» Art. 575. Ne pourront être admis au bénéfice de cession,

» 1°. Les stellionataires, les banqueroutiers frauduleux, les » personnes condamnées pour fait de vol ou d'escroquerie, ni les » personnes comptables ;

» 2°. Les étrangers, les tuteurs, administrateurs ou déposi- » taires. »

(Donc tous les autres faillis non compris dans cette catégorie, devraient être admis de droit au bénéfice de cession, à moins qu'ils ne se soient rendus notoirement coupables d'une grave inconduite. Mais nous avons vu comment les tribunaux de commerce, et surtout ceux des petites villes de province, sont parvenus à éluder cette disposition textuelle de la loi, en alléguant qu'elle ne regarde pas les débiteurs justiciables des tribunaux de commerce, qui, d'après divers autres articles du Code civil, suivent leurs usages particuliers. Et encore ces derniers ne sont-ils suivis que pour les débiteurs de petites sommes pour engagemens de commerce simulés, qui, d'une part, ne peuvent produire leurs livres, n'en ayant jamais tenu, et à qui, d'un autre côté, il ne reste plus l'argent nécessaire pour payer les frais qu'une cession judiciaire exige.)

Il suffit de lire avec un peu d'attention toutes ces dispositions textuelles du Code de commerce, pour se convaincre que le porteur d'un effet quelconque ne peut le prendre en paiement ou à l'escompte, dans l'espoir subsidiaire même, de pouvoir exercer la contrainte par corps contre le signataire, à moins que ce dernier ne soit un non commerçant qui a signé une lettre de change non simulée, ou que l'effet qu'il a signé ait pour cause une transaction commerciale. Car si le signataire est un commerçant proprement dit, qui fait son état du commerce, sa simple déclaration de faillite suffit pour ôter *eo ipso* à tout créancier quelconque, fût-il porteur d'une lettre de change, le droit de le faire incarcérer; il ne peut plus même saisir son actif. Or, tant que le débiteur commerçant n'est pas dans le cas d'être poursuivi pour banqueroute frauduleuse, il ne peut manquer de faire sa déclaration dans les trois jours, parce qu'autrement il change sa faillite en banqueroute, aux termes de l'article 587, et se prive ainsi de tous les avantages accordés à sa qualité de simple failli. Et même dans le cas où il y aurait banqueroute simple, et à plus forte raison, banqueroute frauduleuse de la part du failli, le porteur de la lettre de change n'en sera pas plus avancé par l'emprisonnement de son débiteur, qui se fera alors d'office et à la requête du ministère public, puisque tout l'actif restant appartient également à la masse des créanciers avec lesquels il est obligé de partager au marc la livre.

De l'Imprimerie de RENAUDIERE, Marché Neuf, nº. 48, près le Palais de Justice.

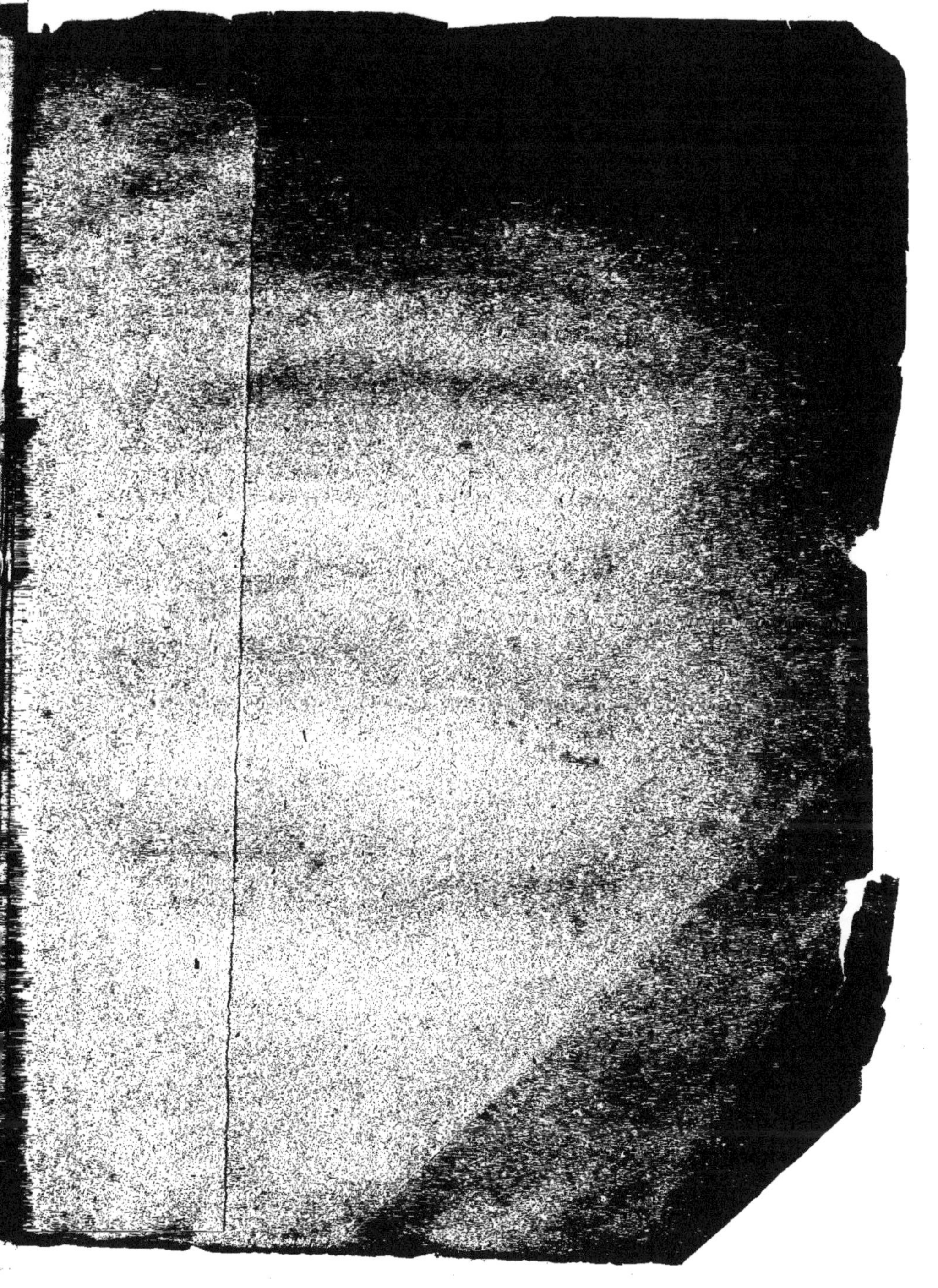

www.ingramcontent.com/pod-product-compliance
Ingram Content Group UK Ltd.
Pitfield, Milton Keynes, MK11 3LW, UK
UKHW021555260726
13993UKWH00002B/862